# 大数据环境下<br>高校图书馆信息服务创新研究

刘　斌◎著

吉林出版集团股份有限公司

图书在版编目（CIP）数据

大数据环境下高校图书馆信息服务创新研究 / 刘斌著. — 长春 : 吉林出版集团股份有限公司, 2024. 7.
ISBN 978-7-5731-5417-0

Ⅰ. G258.6

中国国家版本馆CIP数据核字第2024DV3191号

大数据环境下高校图书馆信息服务创新研究

DASHUJU HUANJINGXIA GAOXIAO TUSHUGUAN XINXI FUWU CHUANGXIN YANJIU

著　　者　刘　斌
责任编辑　曲珊珊
封面设计　林　吉
开　　本　710mm×1000mm　1/16
字　　数　172 千
印　　张　9.75
版　　次　2024 年 7 月第 1 版
印　　次　2024 年 7 月第 1 次印刷

出版发行　吉林出版集团股份有限公司
电　　话　总编办：010-63109269
　　　　　发行部：010-63109269
印　　刷　廊坊市广阳区九洲印刷厂

ISBN 978-7-5731-5417-0　　定价：85.00 元

# 前 言

在科技飞速发展的今天，大数据已经成为推动社会进步的重要力量，它正在深刻地改变着人们的生活方式、工作方式和思维方式。高校图书馆作为知识和信息的集散地，历来是学术研究和文化交流的重要场所。然而，随着信息技术的迅猛发展和大数据时代的到来，传统的高校图书馆信息服务模式已经难以满足广大师生多样化、个性化的信息需求。因此，如何在大数据环境下进行高校图书馆信息服务的创新，成为摆在我们面前的一个重要课题。

大数据时代的到来，为高校图书馆信息服务带来了新的挑战与机遇。一方面，大数据技术的应用使得图书馆能够收集、存储和分析海量的读者数据、图书流通数据，以及电子资源使用数据等，这为图书馆提供更加精准、个性化的信息服务提供了数据支撑。另一方面，随着信息技术的不断发展，读者对信息的需求也在不断变化，他们更加注重信息的时效性、准确性和便捷性。这就要求高校图书馆必须紧跟时代发展的步伐，不断创新信息服务模式，以满足读者的新需求。

高校图书馆作为高等教育的重要组成部分，其信息服务的质量和水平直接影响着师生的学习效率和科研成果。在大数据环境下，高校图书馆需要充分利用大数据技术，挖掘和分析读者的阅读习惯、兴趣偏好和学术需求，以便为他们提供更加精准、高效的信息服务。同时，图书馆还需要不断拓展信息服务的范围和深度，与读者建立更加紧密的联系，提供更加多元化、个性化的服务内容。

在此背景下，本书旨在深入探讨大数据环境下高校图书馆信息服务的创新路径和方法。本书不仅有助于丰富和发展高校图书馆信息服务的理论体系，还将为实践中的信息服务工作提供有益的指导和借鉴。

刘　斌

2024年4月

# 目　录

# 第一章 高校图书馆服务创新的必要性

## 第一节 服务创新是经济技术进步的需要

现代图书馆所处的是知识经济时期，信息、知识在促进经济和社会发展方面将发挥越来越重要的作用。科学技术正突飞猛进，迅速改变着这个世界。以知识和信息为基础，竞争与合作并存的全球化市场经济正在形成，人类的未来和国家的繁荣比以往任何时候都更加依赖于创造和应用知识的能力和效率。而高校图书馆是聚集知识和信息的宝库，如何充分利用现代技术使其所容纳的各种各样的知识与信息，转化为现实的生产力，是摆在高校图书馆面前的一个重要课题。

### 一、知识经济的形势要求

#### （一）知识经济的特征

20 世纪 90 年代，社会发展出现了一个新的趋势，以高科技信息为主导的新兴产业的崛起，推动经济领域实现了一场空前的革命，知识不但在这场革命中成为经济的直接推动力，而且谱写了知识经济时代的篇章。

知识经济时代到来之前，人类已经历了数千年的农业经济和 200 余年的工业经济发展阶段。近半个世纪以来，计算机、晶体管、集成电路、个人电脑、全球网络、多媒体通信等相继出现并迅速发展。到 20 世纪 80 年代以后，以信息获取、储存、传输、处理、演示技术和装备以及以信息服务为内容的信息产业迅速崛起，成为发展最迅速、规模最宏大的新兴产业。20 世纪 90 年代以来，世界经济发展又呈现出新的变化：经济和社会的发展越来越依赖于知识的创新和创造性应用，世界经济逐渐呈现出知识经济全球化的态势。可以预测，21 世纪知识经济将逐步占据国际经济的主导地位，科学研究系统在知识经济中将起着知识生产、传播和转移的关键作用，而知识和科技的创新及其应用将成为知识经济时代生产力发展的决定性因素。新技术的革命，尤其是信息技术的发展，已使全球经济的增长方式发生了根本变化。

知识经济是“以知识为基础的经济”的简称。具体地说，就是创新的知识、高新技术（核心是微电子技术）、计算机（多媒体）、网络（互联网）、革新的通信、信息高速公路、全球化的市场和掌握、驾驭这一切的“人”结合在一起，以进行组合要素、组合经济的一种新型生产方式。

专家学者对知识经济的认识在其本质上是相同的，即以智力资源的占有和配置，以科学技术为主导的知识的生产、分配和消费为最重要因素的经济。知识经济在资源配置上以智力资源、无形资产为第一要素，对自然资源通过知识和智力进行科学、合理的综合、集约的配置。可以说，知识经济是由最复杂的结构功能所主导的经济形式。知识经济正日益影响和改变着人们的工作和生活，并将使社会发生巨大变革。

### （二）知识经济对高校图书馆的影响

中国加入世界贸易组织（World Trade Organization），标志着我国的社会发展进一步融入全球经济一体化、信息化的知识经济轨道。党和政府提出“科教兴国”战略的实施，也为发展知识经济奠定了基础。中国数字图书馆工程就是在知识的不断创新中应运而生的，它组织与管理知识，推动并参与创新，是知识经济发展的重要产物。

在知识经济时代，知识将被作为最重要的资源得到充分的开发、传播与应用，知识的不断创新成为推动时代发展的根本动力。这将对担任知识信息收集、整理和传递任务的高校图书馆提出更高的要求。改革创新，增强自身发展活力，积极、主动地适应经济社会的发展需要已成为高校图书馆发展的必然趋势。

1. 用户需求日益提高

在知识经济时代，图书馆用户已不满足一般性的内容提供，而是由文献需求向知识、信息需求演变，图书馆的服务内容要打破以原始文献作为第一服务手段的服务，以用户需求为导向进行文献信息的深化，从文献传递的提供式服务向知识、信息资源重组的创新式服务转变。要了解并掌握用户知识、信息需求特点，向用户提供以专题、知识单元为基础的服务，及时对馆藏一次文献进行二、三次文献信息开发与利用，将文献信息进行收集整理，形成专题综述、述评、研究报告等深层次的开发，综合形成新的信息资源，提供的信息是该领域最新、具有前沿性的有效知识、信息，以此满足用户日益发展的需要。

2. 市场竞争日趋激烈

在以印刷型文献为主要信息载体的时代，图书馆以其丰富的馆藏和较熟练的文献服务技能两大优势，在社会信息服务体系中占据主导地位。但是，在以信息产业为主导的知识经济时代，信息服务日益社会化、网络化、个性化，图书馆的主导地位日益削弱，甚至其生存也面临着严峻挑战。虽然改革开放后，图书馆也逐步走向社会，面向市场，参与信息服务市场的竞争，但随着社会信息化程度的加深，信息存取和利用更加自由，商业界大量介入，以往只能由图书馆和信息中心提供的信息服务，现在越来越多的个人和企业涉足信息服务业，并以更具特色的服务吸引着广大用户，与图书情报机构激烈地争夺着用户，使得图书馆成为信息服务市场中众多竞者之一。在激烈的信息服务市场中，面对用户不断更新的信息需求，图书馆的现有信息服务逐渐失去了其争夺用户、开发市场和持续发展的能力，这就要求图书馆对信息服务系统进行重新定位，深入研究用户的真正需求，以用户为中心开展服务，形成新的服务体系。

3. 事业发展日渐迫切

知识经济时代，知识将取代权利和资本，成为最重要的社会经济资源。而作为拥有丰富知识信息资源的高校图书馆，知识经济的发展无疑给其带来了新的发展动力、新的机遇和新的发展前景，但同时也带来了新的挑战。随着“知识经济”浪潮的掀起，要求图书馆利用知识资源为经济建设服务，把知识形态的科学技术和经营管理技术推广到经济建设中去，转化为经济建设的动力。新时期的图书馆事业要想在新的经济环境中保持可持续发展，就必须适应环境的变化，不断地改变和创新，以取得更大的社会效益。同时从中获得较好的经济效益，以保证图书馆事业的不断发展。因此，市场经济条件下信息服务环境的变化迫使图书馆必须改革和创新。

同时，作为信息集散地的高校图书馆，也肩负着振兴地方经济的任务。因此，高校图书馆要打破传统的服务模式，努力开拓新的服务方式，要面向社会，寻找市场，拓宽服务范围。以经济建设为导向，依托网络平台，立足于创新，探索新的服务方式，开发信息资源。与社会上的信息企业合作，使自身丰富的文献信息资源与企业高素质的信息人才结合起来，创造出一流的信息产品，提供给社会。同时，把高校的科研成果及时介绍到企业中去，使之尽快转化为生产力，为社会服务。这一切都需要高校图书馆服务创新。

## 二、信息技术的形势要求

### （一）信息技术的现状

信息技术是指在信息的产生、获取、存储、传递、处理、显示和使用等方面能够扩展人的信息器官功能的技术。它是随着人类对外部世界的认识和控制能力的不断提高而逐步由低层次向高层次发展的。现代信息技术包括计算机技术、微电子技术、通信技术、自动化技术、光电子技术、光导技术和人工智能技术等。如果说建立在微电子技术及软件技术基础上的计算机是现代社会的“大脑”，那么由程控交换机、大容量光纤、通信卫星及其他现代化通信设施交织而成的覆盖全球的电信网络就是现代社会的“神经系统。”

当前，信息革命的浪潮正以不可阻挡之势席卷全球，现代信息技术的发展更是日新月异。现代信息技术的发展将对社会经济、政治、文化等方面产生重大而深远的影响。

1. 快速地更新换代

自 1946 年世界上第一台电子数字计算机问世，半个世纪以来，电子计算机已“繁衍”了五代，即电子管—晶体管—集成电路—大规模集成电路—人工智能计算机。计算机的运算速度有了成千上万倍的提高，个人用的计算机每秒运算几千万次，上亿次的也已出现。比较大型的计算机每秒运算几百亿次，每秒运算上万亿次的计算机在一两年就可投放市场。卫星、光纤等通信技术也迅猛发展，现在通信卫星已发展到第六代，一颗卫星有几十个转发器，可同时提供几万路电话线路或转发几十路电视，光纤传输技术已跨入成熟期，许多国家已建起了以光纤为骨干的大容量通信长途干线传输网络。世界信息网络技术发展迅速。

2. 大容量的信息存储

信息系统需要对已加工的可利用的信息进行存储，以便适时向用户提供。近 20 年信息存储技术有了巨大进步，以计算机为例，在 20 世纪 70 年代后期，个人用的计算机的存储水平为1K、4K、16K，而目前市场上80G的硬盘已经很普遍了。200G的硬盘也已投入市场，存储量有了数十万倍的增长。在缩微存储方面，出现了缩率达90 ~ 150倍的激光全息超缩微平片，在一张标准规格（6×4英寸）的平片上，可记录3000 ~ 12000页资料。据报道，目前已有存储量高达22.5万页资料的全息缩微平片。英国大百科全书公司的索引卡，原需要700米长的书架存放，现只用两个抽屉即可容纳其全部缩微平片。光存储技术也有了长足的发展，除了只读式的光盘、光带、光卡外，还出现了可供用户写入信息的一次写光盘、可反复擦写的光盘及自动换盘的多光盘系统。光盘的存储量大，信息存取速度快，使用寿命长。

3. 自动化的信息加工处理

信息加工处理中业务操作系统化、数据处理自动化、记录事项规格化、文献缩微复制自动化等得到了广泛的发展和应用。知识数据库与专家系统的出现，使信息情报咨询与检索工作达到了智能化的程度。作为人工智能应用的专家系统已有100多种，将日益广泛地运用于医疗诊断、投资分析、贸易管理、科学研究、气象预报、制订财政计划等方面。

4. 数字化的信息传输手段

当信息成为数字化并经由数字网络流通时，大量信息可以被压缩，并以光速进行传输，数字传输的信息品质又比模拟传输的品质要好得多。许多种信息形态能够被结合，被创造，如多媒体文件。

5. 多媒体技术与信息网的宽带化、综合化、智能化和个人化是未来信息技术发展的主要趋势

随着未来信息技术向着智能化的方向发展，在超媒体的世界里，“软件代理”可以替我们在网络上漫游，它让使用者能够在各个文件之间有效地穿梭寻找，而不需将文件从头到尾看一遍，不再需要浏览器。它本身就是信息的搜寻器，它能够收集任何我们可能想要在网络上取得的信息。

以多媒体技术为代表的信息通信产业，将成为21世纪最有希望获得发展的产业之一。随着通信技术与计算机技术的进一步融合，信息网将朝着宽带化、智能化、综合化和个人化的方向发展，为人类的信息交流提供极大的便利。

## （二）信息技术对高校图书馆的影响

飞速发展的数字化、网络化信息技术，给高校图书馆传统服务带来了极大的冲击。网络改变了传统的信息交流方式，冲破了地域限制，实现了世界范围内的信息共享。伴随着数字化和网络化大潮的推进，作为知识殿堂的高校图书馆正面临着一次全方位的技术革新。信息资源的数字化能够扩展高校图书馆的虚拟馆藏，扩大高校图书馆的服务范围，突破传统的信息传递模式，使信息传递变得更加快捷、便利。因此，高校图书馆进行数字图书馆建设，开展多种形式的服务创新，成为21世纪高校图书馆迎接网络时代的重要战略。

1. 文献资源数字化

传统图书馆的信息资源以文献为主，且多为纸质印刷型文献。随着信息技术的发展，纸质印刷型文献一统信息载体的局面已不复存在。电子信息源的不断出现和增多，涌现出诸如CD-ROM出版物、数据库、联机检索信息源、互联网信息源等新型的信息资源，并可以通过计算机终端、网络通信对其进行高速、准确的浏览和检索利用。信息的形式也日渐丰富，不仅有纯文字型信息，还有图像视频型、数值型、软件型等多种信息类型。这些新型的信息资源不仅数量巨大、类型繁多，而且取用方便，它将极大地丰富图书馆的服务内容，成为未来高校图书馆信息资源的主体。

2. 传播载体多样化

传统的信息存储载体一直是以纸张为信息传播的主要载体和媒介。随着多媒体、超媒体计算机技术以及光纤技术的日益成熟，知识的载体已不再是纸张这一单一形式，磁、光介质已大量应用，光盘等电子出版物迅猛激增。除文字载体外，还有语音载体、电磁波载体、缩微载体、声像载体、网络载体，且均可通过现代技术存储或传播。传播载体已由单一的印刷型向多类型、多载体方向发展，人们不必过问所需信息是存储在何种载体上，网络资源的社会性和共享性已初见端倪。

3. 服务手段现代化

传统图书馆的服务手段多以手工操作为主，不仅服务速度慢，效率低，且服务内容受限。读者通常需亲自登门造访，时空制约比较明显，服务质量多受馆员个体的学识和经验的约束，效果很不理想。现代信息技术和网络通信的发展使高校图书馆的服务手段发生了变革，计算机检索、联机数据库检索、网络信息检索等新型文检手段不仅扩大了检索的范围，同时大大提高了检索效率。网上预约、网上借还图书、网上催还图书等流通新业务的开展使读者不必亲自来馆。

4. 服务方式多元化

传统的图书馆服务方式比较单一，基本上以被动的馆藏书刊借阅和一对一式的面询为主，服务效果不尽如人意。现代信息技术和网络的发展首先使图书馆的服务空间拓宽了，服务方式也日渐丰富多样，在线参考咨询，如 E-mail 服务、BBS 讨论组、FAQ 实时解答服务等，具有实时性、交互性、能动性、个性化和人工智能化的特点，能提高咨询效果，更大程度地满足读者需求。在国外，有些图书馆还在尝试一种“即时视像咨询服务”，即咨询馆员和远程用户借助视像会议软件、摄像头、话筒等设备，实现实时视像的面对面交流。

5. 服务对象社会化

传统高校图书馆的服务对象明确且相对稳定，多局限于本校师生。网络环境下的高校图书馆事实上已成为整个网络体系的一个节点和组成部分，由于信息存取的开放和自由，凡是与网络连接的用户，都可以不分国家、地域、单位和时间的限制，调阅网上图书馆的信息，网上用户同时成为图书馆的读者。读者面之广、数量之多，远远超过传统图书馆。

当前信息技术的迅速发展不仅使数字化文献资源和网络化信息服务逐渐成为图书馆服务的主流，而且以 e-science、e-learning、e-business 和 e-government 为代表的信息环境正带来新的用户需求、用户行为和用户信息应用机制。同时，以 Open Access 为代表的新型学术信息交流模式、以 Google Scholar/Print 为代表的新型信息服务机制，以及以 Institute Repositories 为代表的机构知识交流与保存平台，都为图书馆服务的发展带来了空前的挑战和前所未有的机遇。面对信息环境持续不断地变化，高校图书馆如何充分利用新环境所创造的机遇，如何挖掘服务定位，如何集成利用各方面资源，如何开辟或拓展服务功能和形式，如何建立可持续和有竞争力的服务模式，已成为图书馆领域的领导者们共同关心的问题。从而，也使高校图书馆服务创新成为一个必须认真探索、研究的课题。

## 第二节　服务创新是教育事业发展的内在反映

服务创新是经济技术进步的外在需要，是教育事业发展的内在反映，是知识经济的形势要求，也是信息技术的形势要求，更是创新教育和高校发展的形势要求。图书馆的发展历史表明，只有不断创新，不断变革，才能跟上社会发展的步伐，才能为社会的发展贡献力量。

创新是一个民族进步的灵魂，是一个国家兴旺发达的不竭动力。中国需要发展，需要具有创新能力的人不断创新，而创新人才的培养又需要社会化的创新教育。随着教育投入的不断增加，高等学校的规模不断扩大，高等学校作为跟踪国际学术发展前沿、积极参与国家创新体系建设的教育主阵地，已成为创新型人才培养的基地。高校图书馆作为学校的三大支柱之一，在学校大力开展的创新教育中，以创新教育为契机，以培养创新人才为己任，积极发挥图书馆馆藏资源、环境资源和第二课堂的作用，对推进高校创新教育十分重要。

### 一、创新教育的形势要求

#### （一）创新教育的内涵

创新教育就是根据创新理论的原理，通过一系列的制度创新、机构创新、思维创新、管理创新、教学内容和方法手段的创新等，以培养具有创新素质的创新人才为价值取向的教育。创新教育的本质是开发人的创新能力。从本质上说，创新教育是一种反映时代精神的教育思想和教育理念，它在理论和实践上都有着明显的特征。

1. 创新教育是高层次的素质教育

素质教育是创新教育的基础。从教育模式的角度来说，创新教育则是高层次的素质教育，是素质教育的最高体现。因为创新教育所培养的素质是创造素质。创造是人类本质的最高体现。以培养人的创造性为根本宗旨的创新教育，既是人类最高层次的教育，也是当前正在全面实行素质教育的一种最高形态的实践模式。

2. 创新教育是面向社会全体的教育

创新教育不是精英教育，而是面向社会每个个体的教育。创新教育的基本理念认为，创新是人的本质特征，人人都有创新潜能，时时都有创新之机。创新教育必须摒弃创新是精英们的“专利”的观念，树立人人是创新主人的意识，根据个体的不同特点因材施教，使其都具有创新精神和创新能力。

3. 创新教育是注重个性的教育

创新教育并不是用一个固定的模式去批量制造创新主体，而是充分注重个性、尊重差异，承认每个人在价值、才能、情意和行为方式上都是极富个性的个体，依据个体的志趣、特长等加以引导，以提高个体的创新能力。创新教育必须尊重个性，承认差异，赋予每个人自由发展的机会和权利，让他们通过选择，在自己擅长的方向上去发展，以自己独特的理念和优势去超越，去突破，去创新。

4. 创新教育是一种主体性教育

教育对人的发展即对社会的发展所起作用的大小，基本取决于它在多大程度培养出主体性强的人，以主动适应社会发展的要求。创新教育的本质特征是把个体的地位、潜能、利益、发展置于核心地位，高扬人的主体性，其职能就是最大限度地激发人的积极性、主动性和创造性。从这种意义上说，创新教育是一种主体性教育。

5. 创新教育是平等、民主的教育

创新教育在价值观上集中体现了教育的平等性、民主化特点，主张尊重和保护人与人之间存在的必然差异，给予每个人充分发展其自身、激发其内在潜能的平等机会。要求建立平等、民主、和谐的师生关系，形成一种和谐平等的氛围。这种和谐的氛围可以为学生营造一个充满朝气、宽松自由的空间，使他们在没有思想束缚的环境中勇于探索和创新，大胆质疑，充分表现自己，使他们的潜能得到充分发挥和协调运用，使创造力尽可能得到发展和提高。

6. 创新教育是终身教育

人的创新品质是在长期的学习与训练中逐步形成的，不可能通过阶段性的训练就能形成持久的稳定的创新品质。完整的创新教育是从婴幼儿时期开始的，学前教育、小学教育、中学教育、高等教育、继续教育都要全面体现创新教育的思想，这样才能提高所有人的创新能力，也才能够最终使我们的民族富有创新精神。创新能力需要终身培养，创新动机需要终身激励。从这个意义上说，创新教育既是全民教育，也是终身教育。

## （二）高校图书馆在创新教育中的作用

教育是培养人才和增强民族创新能力的基础。教育要不断培养大批合格的中国特色社会主义的建设者，不断造就大批具有丰富创新能力的高素质人才，不断提高全民族的思想道德素质和科学文化素质。这些素质的养成要求现行的教育空间要扩大，教育内容要拓宽，要从传统应试教育、单一的课堂教学模式向课堂教育、图书馆教育和社会实践教育三方面相结合的素质教育转化。而图书馆教育的表现形式既有有形的，也有无形的，既有物质的，也有精神的，使得高校图书馆在创新教育中具有自身独特的功能与作用。

1. 创新教育的第二课堂

创新教育是一个系统工程，要求在充分知识教育的基础上，进行全方位、多层次、系统化的思维训练、观念调适、方法培养和技能实践，在学生智力水平、学习动机、学习兴趣等各培养目标中重点加强与创新相关的内容，提高他们的创新能力。这就使得无论是教师还是学生，都对作为信息集散地和加工所的高校图书馆的依赖性和期望值都大大地提高。

高校图书馆教育的自由性、可选择性，图书馆信息资源的系统性、完整性和新颖性，以及多媒体技术、网络技术在图书馆教育中的应用，都不断彰显图书馆在高等学校创新教育中的重要地位。高校图书馆通过对文献信息的针对性、系统性、连续性、新颖性的不断研究和完善来为创新教育提供文献保障，成为学生构建合理知识结构的最理想的第二课堂。社会的发展和科技的进步，要求对大学生进行信息素质教育，使他们具有敏锐的观察力，能从大量繁杂的信息中发现有价值的信息，并能依靠掌握的信息技术和信息工具，迅速有效地获取、利用这些信息。因此，开辟第二课堂，帮助大学生学习和掌握网络知识以及现代情报检索技能，提高其利用馆藏资源的能力，也是创新教育的迫切要求。

2. 终身教育的最佳场所

以教育为基础，实现劳动者知识化和学习终身化是知识经济发展的必然趋势，也是 21 世纪创新教育的重要内容。由于知识老化加速，新专业不断涌现以及职业更替频繁，在人的一生中，只靠在校学习，即一次教育不能满足时代发展的需要，终身教育将成为必然趋势，而高校图书馆为终身教育提供了可能和机会。

知识经济时代的高校图书馆已不再是传统意义上的图书馆，它不仅拥有丰富的馆藏，而且拥有经验丰富、高素质的知识信息检索和研究专家，能够辅导和帮助读者学习获取知识信息的方法，使之学会如何在知识信息的汪洋大海中迅速获得自己所需的知识信息；能够解答读者在学习和工作中所遇到的各种疑难问题，使读者接受教育、获取新知识的过程更加顺畅。此外，逐步走向社会化的高校图书馆，将不再按身份来限制读者利用图书馆，各种类型的读者都能利用图书馆获取自己所需的知识信息，进行必要的即时学习。因此，无论从知识信息的丰富性还是读者获取知识信息、接受教育的方便程度等方面来说，高校图书馆都是实施终身教育的最佳场所。

3. 通才教育的重要基地

通才教育是指建立在拓宽基础知识前提下的专业教育，由此，美国兴起了通才教育运动。其宗旨是使一个人在职业教育以外得到全面发展，包括他的生活目标的文明化、情感反应的纯净化以及依据时代最优秀的知识理解事物本质的成熟化。一些强调通才教育的国家，其大学教学和科研是通过图书馆进行的，因为这种从图书馆培养出来的人具有极强的学习主动性、创造性。因此，高校图书馆应在崇尚学习的知识经济环境下，充当读者技能培养的重要教育机构，训练和培养他们的获取知识的能力、主动学习的能力、独立研究的能力等。事实上，图书馆教育方式具有主动、灵活、多样、可选择等特征，有利于学生独立性、创造性和开拓性的培养，更有助于高等教育的培养目标从专才教育向通才教育的转变，使高校图书馆真正扮演通才教育重要基地的角色。

4. 个性发展的培养中心

大学生在图书馆查找资料、阅览文献、进行自学或在互联网上浏览的时间会远远超过课堂学习的时间，使图书馆成为真正意义上创新教育的第二课堂。如果说课堂是共性教育，那么高校图书馆就是学生个性化教育的重要场所。与课堂学习相比较而言，图书馆学习是一种自由开放的形式，它能让学生根据自己的兴趣和特长，有所选择地进行深造和提高，让学生形成稳定的个性特征，挖掘与发展自身的潜能。高校图书馆个性教育功能的实现，显然有利于创新型人才的培养。

### （三）高校图书馆服务创新是创新教育的内在要求

高校图书馆的基本职能是教育职能和信息职能，而国家创新体系所包括的教育创新体系和信息服务创新体系，就必然要求图书馆服务创新。高校图书馆的创新教育作用和功能不可能通过硬性灌输、制度的约束等外部强制力来完成，而是要加强服务创新，不断提升服务能力和服务质量，通过建设优质、丰富的文献资源，创造良好的文化氛围与和谐的学习环境，采用现代科学技术手段，提供优质、周到的服务，树立不断创新的思想，建设一支高素质的馆员队伍来实现。

1. 要求加强信息资源建设与利用，营造创新的文化氛围

面对“全球信息一体化”的 21 世纪，高校图书馆信息资源建设与利用必须走出一条创新的路子。要加强信息资源的建设，充分利用图书馆的文献信息资源，并把这些资源转化为有利于创新教育的有价资源。必须充分利用现代各种新载体、新技术和新手段，活化资源和信息，增加灵活性，增强创新能力，以充分提高馆藏文献信息资源的利用率，提高服务效率和质量，营造一种创新的文化氛围。这是高校图书馆迅速、准确地为学生提供良好服务的基础，有利于更好地开展创新教育。

高校图书馆必须充分发挥自己的信息资源优势，突出图书馆科技信息加工和检索的网络化、现代化地位，将资料检索、书籍阅览、信息存取、学术交流等在图书馆的结构和功能上形成一个有机的整体，使学生置身在这一开放、多元的信息环境中，能够自然地感受到现代社会和未来文明相交汇的充满想象和创造欲望的灵感冲动。同时要通过举办各种学术报告和演讲、座谈等多种形式的学术交流活动，使图书馆成为一个各种学术思想和观点交汇、碰撞的中心，从而为大学生培育创新思想、展示创新才华提供一个丰富多彩的舞台，引导学生进一步去开展相关学术问题的资料检索、学术研究等创新性实践活动，使高校图书馆形成一个激发、引导、催生创新思维和创新灵感的教育环境。

2. 要求拓展服务手段与方式，提高创新教育的水平

高校图书馆要发挥在创新教育中的积极作用，就必须不断改进服务手段和方式，提高创新水平。要适应创新教育对知识信息的需求，高校图书馆的信息服务应设法从文献单元深入信息单元，通过信息挖掘，向读者提供高技术含量的增值信息服务。一是要尽快完成由封闭式的被动服务模式向主动、快速的开放式服务模式的转变。二是积极稳妥地运用智能辅助化技术与服务系统开拓新的服务项目和服务领域，不断加强技术创新和新技术的应用，深化信息服务的深度和广度。三是建立和健全读者的反馈机制，认真听取读者的要求、建议和批评，热情地解答读者的咨询、质疑，以知识为对象进行加工、整理，使之成为专题的、定向的信息，并提供个性服务即定题服务，同时提供参考咨询和特殊服务。四是积极开展用户教育，引导读者进入网上特定的数据库进行信息检

索，充分利用虚拟馆藏信息资源。五是全面开放图书馆信息资源和设备条件，如计算机检索、光盘检索和镜像站等，将文献检索的途径指引工作由学生自己完成，使学生在这个过程中逐渐培养信息意识和信息能力。

3. 要求培养具有创新精神的图书馆馆员，保证创新教育的实现

英国图书馆专家哈里森说："即使是世界上第一流的图书馆，如果没有能够充分挖掘馆藏优势、效率和训练有素的工作人员，也难以提供广泛有效的读者服务。"[①] 造就培养一批观念新、知识新、结构合理、具有较高创新素质的馆员队伍，是实现图书馆创新教育的关键所在。

图书馆馆员首先要具有创新意识。图书馆馆员只有思想活跃，善于接受新思想、新事物，善于捕捉新的信息源及发现读者新的信息需求，才能提供及时的创新的信息服务。其次要具有创新精神，勇于开拓进取，勇于探索，不墨守成规，努力提高自己的精神境界与知识水平，以自己的行动带动学生的创新积极性，营造充满活力的创新气氛。最后要具有创新能力，图书馆馆员不再是传统服务模式中简单的文献保存者与传递者，他们不仅是服务者，还可发展为信息专家、信息管理者、知识管理专家，在工作中应从宏观角度进行调控，严格控制、协调信息的采集，围绕创新教育组织信息，注重馆藏信息服务和具有个性创造性资源的开发利用，为创新人才积累知识，自主性学习提供方便之门。

面对知识经济的挑战，高校图书馆只有不断创新，才能跟上时代的步伐，使教育的时间从学校延伸到整个人生，使人们在未来的工作中不断接受新知识，掌握和运用新知识。高校图书馆只有不断创新，才能辅助创新教育实现对求知者的智能教育、通才教育、终身教育和管理教育，使他们能够在知识经济的大潮中学会学习、选择、生存、发展。因此，高校图书馆服务创新既是创新教育的必然要求，又是创新教育的延伸。

## 二、高校发展的形势要求

在轰轰烈烈的合校、扩招、强校的形势下，为了在激烈的竞争中占有一席之地和拓宽自身的发展空间，众多的高等院校都把做大做强作为自己的目标，2015 年，由教育部印发的《普通高等学校图书馆规程》中要求，高等学校图书馆的工作是学校教学和科学研究工作的重要组成部分，高等学校图书馆的建设

---

① 哈里森 . 图书馆学基础 [M]. 佟富，译 . 北京：书目文献出版社 , 1987.07.

和发展应与学校的建设和发展相适应，其水平是学校总体水平的重要标志。在此背景下，作为高等院校办学三大支柱之一的图书馆则必须随之进行变革创新，以适应学校教育教学改革的要求，促进高校的发展。

高校是科学研究的重要基地，与其他科研机构相比，高校的科研水平和科研成果在稳定的基础上不断上升，从市场上获得的科研经费也在不断上升。科技成果转化速度大大加快，高校科技企业蓬勃发展，科学园地不断增多。在这一系列过程中，图书馆起着举足轻重的作用，具体表现为：图书馆提供文献信息服务于科研，图书馆参与科研过程，图书馆独立承担科研项目，同时图书馆在科研成果转化过程中起中介作用等。但是，总体来说，图书馆在这些服务和工作中的作用是不够的，不够积极主动，不够开拓创新，不够深层次高质量，不够及时高效，不够社会化和市场化。为了适应高等学校的发展，开创服务科研工作的新局面，解决这些矛盾，图书馆就必须创新。

## 第三节　服务创新与高校图书馆建设

### 一、服务创新是图书馆职能的要求

#### （一）图书馆的职能

职能指人、事物、机构应有的作用、功能。在图书馆的历史发展过程中，图书馆的职能是随着社会及图书馆自身发展规律的变化而发展变化的。我们一般可将其归为两大类，即基本职能和社会职能。

1. 基本职能

图书馆的基本职能具体来说可以分为三部分：一是对知识、信息的物质载体进行收集、选择、积聚。二是对知识、信息的物质载体进行加工、整理、存储、控制、转化。三是对知识、信息的物质载体进行传递和提供使用。

2. 社会职能

1975 年，国际图书馆协会联合会在法国里昂召开了图书馆职能的科学讨论会，会议通过的总结一致认为，现代图书馆的社会职能有四种：① 保存人类文化遗产。② 开展社会教育。③ 传递科学情报。④开发智力资源。[①] 这四种职能

① 李东林 . 大学图书馆建设与利用 [M]. 郑州：河南人民出版社 , 2007.08.

基本反映了现代图书馆的实际情况和现代社会对图书馆的实际要求，是不同国家的现代图书馆所具有的共同职能，也是社会要求图书馆承担的共同责任和义务，是社会对图书馆的共同要求。

## （二）服务创新是对图书馆职能的拓展

从封建社会时期的藏书楼，到20世纪初的读者服务开创初期，再到20世纪80年代计算机广泛应用时期及今天的网络普及时期，人们时刻感受着图书馆服务的巨大变化，感受着图书馆职能的丰富发展。如果说古代图书馆主要肩负保存人类文化典籍的职能，那么近代图书馆就又增加了社会教育的职能，而现代图书馆又要担负起传递科技信息和开发智力资源的职能。可见，随着知识经济的发展和信息技术的进步，图书馆的物理形态和内容都发生了改变，但图书馆的职能和使命不仅没有弱化，反而得到了强化。图书馆职能的强化促使图书馆进行全方位的创新，而加强服务创新也是对图书馆职能的拓展。

1. 对图书馆收藏职能的拓展

广泛收藏文献以记录人类文化遗产，是图书馆有史以来最基本的社会职能。在收藏职能的推动下，图书馆形成了庞大的以纸质文献为主的资源体系。现在，馆藏的概念和馆藏的质量发生了根本的变化，它的核心使命是面向社会提供信息咨询服务。这种目的决定了图书馆在收藏内容、获取方式上有别于传统的收藏职能。收藏职能可以说超越了以往“唯藏是瞻”和追求大而全的弊端。

图书馆的收藏范围进一步扩大。网络的出现使得电子出版物和网络信息的生产和传播成为现实。而图书馆过去以印刷型纸质文献为主的馆藏资源体系又逐步地成为网络条件下图书馆迈向现代化电子图书馆的一大障碍。因为电子图书馆主要以计算机技术作为主要的技术与服务手段，但电子计算机却不能能动、直接地识别和处理纸张化的文献。因此，随着网络信息技术的发展，图书馆的文献收藏将出现物理馆藏和虚拟馆藏并存的局面，并逐步地向以虚拟馆藏为主的馆藏资源体系转变。这不仅适应了环境的变化，还大大丰富了收藏内容、拓宽了馆藏范围，实现了社会资源的馆藏化。

收藏空间实现了从物理空间到网络空间的超越。馆藏数量的不断增长和物理空间的不断扩大，几乎是所有传统图书馆长期不变的生存和发展模式。但是这种收藏空间的无限膨胀趋势，将在网络化条件下得到有效的控制。其理由主要如下：由于电子文献的高密度存储的特性，单位空间的收藏体积被高度压缩。在网络化条件下，馆藏概念和馆藏的评价标准发生了根本变化。首先，馆藏的含义扩大了，不仅包括不同的信息格式（如录像带、软磁盘等）和信息类型（如应用软件、书目文档、全文信息等），还包括以“虚拟馆藏”形式成为“本馆馆藏”的丰富的网络信息资源。其次，在馆藏质量的评价上，馆藏数量的多少或馆藏规模的大小已不重要，而联机数据库或网络信息的存取质量越来越显得重要。这就促使各个图书馆在对馆藏规模的认识上，不追求无止境的物理空间的扩大，而是追求网络空间的扩展。

图书馆收藏方式趋向于多馆合作。传统图书馆的收藏策略，主要是各个馆都追求大而全、小而全的馆藏资源，形成一个独立的馆藏资源体系。而在网络环境下，由于馆际互借、联机访问、远程登录等资源共享方式能够顺利实现，各个图书馆不可能也不必要追求那种独立完善的实物馆藏体系，而是以网络为依托，联机互访，广泛交换信息，建立并实现较完善的资源共建共享体制。

2. 对图书馆服务职能的拓展

图书馆的服务职能是与生俱来的，传统的读者服务是向读者提供文献。它所处理的对象是文献，从文献中获取信息是读者自己的事情。而在网络化条件下，服务模式实现了从“1—N”到“N—1”的超越，传统图书馆的信息传播过程中，文献信息的传播是1点对多人，即一个图书馆同时对无数个读者。这种模式本身就注定图书馆永远也摆脱不了资源保障体系不完善的困境，进而也永远摆脱不了服务效益低下的困扰。而“N—1”模式，指的是多个图书馆或信息资源集散地共同对应一个读者，读者可以通过网络随时随地获得所需信息。在这种模式下读者可以任意选择访问任何一个图书馆或信息源，充分享受共享的便利。

同时，图书馆也由馆内服务向网络服务拓展，以往用户要想获得图书馆的服务，必须亲自到馆并在很大程度上受到地理、经济、时间等诸多条件的制约，这就给很多用户造成了不便。但网络的出现使得许多问题迎刃而解。首先，网络可以让多个图书馆或信息资源集合互相利用资源共同应对一个用户提供服务，既是使图书馆信息得到充分利用，又使读者能及时有效地获取信息资源。其次，网络的出现、E-mail、文件传输等技术在图书馆服务中的应用使得图书馆的服务半径扩大至网络终端的潜在用户。再次，网络的应用还在很大程度上延长了为用户服务的时间，甚至可以将以往的 8 小时服务转变为全天候 24 小时服务。最后，由于网络信息包罗万象，图书馆不仅可为用户提供各种文献信息，而且遍及生活各个方面的信息都可以予以筛选后提供。简而言之，网络时代中图书馆的服务已经走出“围墙”，向网络服务拓展。

## 二、服务创新是高校图书馆建设发展的要求

### （一）高校图书馆的变化

21 世纪，人类社会已经步入信息时代。在信息化社会里，人们对获得的文献信息的广度、深度和准确度的要求越来越高。与此相适应的现代化通信网络技术和计算机化管理也越来越深入高校图书馆，致使图书馆在文献信息存储、管理服务方式上均发生了深刻的变化：①从图书的保管者到服务本位的信息提供者。②从单一媒体到多媒体。③从本馆收藏到无边界图书馆。④从我们到图书馆去到图书馆来到我们中间。⑤从按时提供到及时提供。⑥从馆内处理到外包处理。⑦从区域服务到国际服务。

### （二）高校图书馆的现状

随着信息化步伐的加快，高校图书馆的工作理念与工作方式也逐步转变。

首先，高校图书馆工作思想正在发生转换，从“重藏轻用”逐步转向“藏用并举”，从“小而全”“大而全”的封闭性管理逐步转向信息化、网络化的开放式管理。

其次，高校图书馆馆藏资源由现实馆藏向现实馆藏与虚拟馆藏并存转移。现实馆藏是本馆馆藏，包括本馆馆藏中未被数字化的以纸为媒介的文献信息以及馆藏中的已数字化的文献信息等。虚拟馆藏则是本馆以外的馆藏。由于虚拟馆藏的巨大信息量，绝大多数高校图书馆都会予以充分利用。

再次，高校图书馆的工作对象已由单一媒体转变为多种媒体，传统的以纸质为媒体的图书馆工作逐步转换为多媒体、超媒体工作。从磁盘、光盘到互联网络，从只读、可写到交互多媒体，集存储丰富而系统、查验便捷而准确于一身的电子文献被图书馆普遍采用。

最后，高校图书馆信息服务的深度正在变化。传统高校图书馆的一个重要职能就是对文献进行整理，提供有序化信息服务。网络环境下，人们生活进一步个性化、多样化，更具专业化和创造性，人们不再满足于这类初级信息提供方式，而需要更深层次的信息服务。这种服务是根据用户的问题和问题环境确定用户需求，通过信息分析和重组形成符合用户需求的知识，或者帮助用户找到解决的方案。“以用户为中心”的思想已经得到大多数图书馆的认同。

## （三）服务创新是高校图书馆建设的重中之重

1. 服务创新是提高文献资源建设质量的要求

由于各级高校之间管理体制和办学条件的差异，造成图书馆在信息资源建设中存在着许多问题，制约着图书馆事业的发展。一是随着现代技术的发展，文献信息的载体呈现多样性，在给人们带来便利的同时，各种光、电、磁等介质的文献信息媒体也给馆员带来了选择、标引上的困难，影响了读者的充分利用。二是购书经费投入不足，新书补充缓慢，许多高校扩招后没有按比例呈指数地增加图书经费，生均图书占有率下降。同时，我国加入世界贸易组织后，由于严格执行知识产权的保护法规，订购外刊资料的成本大大增加，加剧了图书馆文献经费的紧张态势。三是图书资料陈旧过时。许多高校图书馆收藏有大量过时、陈旧的或复本极大的图书资料；另外，由于一些新兴学科、技术学科（如计算机学科）的发展日新月异，知识衰老周期大大缩短，相应的图书资料很快失去参考价值。四是高校在合校、扩大招生后，高校的学科门类迅速增加，原来薄弱院校的文献资源建设很难在短期跟上。五是许多院校因合校形成了多校区格局，造成文献资源分散，不便共用共享。六是网络瓶颈。网上有用的科技信息大多须付费使用，影响了用户利用信息的积极性。相当部分的地方与自建校，因办学条件所限，信息网络不甚畅通，不能很好地利用大量的网上资源。

另外，很多院校图书馆馆藏没有形成特色，不利于优势学科专业的培育和发展。特色数据库较少，数据库规范化、标准化程度不高。各馆的数据库建设基本上是封闭式自我生产、自我服务的“小作坊”式发展模式，信息“孤岛”现象较为严重。同时，在建库过程中，由于体制上条块分割，缺乏统一的技术标准和规范，从而导致数据库的应用受到严重限制，共享程度低。以上诸种情况，在不同院校不同程度地存在着，显然与学校的发展壮大不相适应。

2. 服务创新是提升高校图书馆服务能力和水平的要求

受传统的“重藏轻用”思想的影响，“一切为读者”“以读者为中心”的思想还没有真正落实到行动上，只是坐等读者上门。所有的服务基本是以图书馆为中心，可谓是围绕图书馆馆舍展开的，被动服务的现象还屡见不鲜。图书馆满足于书刊的借还、取归的服务方式。由于机制、经费、人员、设备的限制，服务工作有许多局限性，同时束缚了服务人员的思想，缺乏主动服务的精神。

浅层次文献型服务，以收藏、加工，保存图书、期刊、资料等纸张为载体的文献信息为主。首先，向读者提供原始文献，文献流通方式是一本图书、一种期刊或一份报纸。其次，为献计献策提供馆藏专题文献，馆藏专题文献又是以一次文献、二次文献的信息单元为主，对文献信息的加工做得很少。需要进行深层次信息处理，提升服务水准。

## 第四节　服务创新是满足读者需求的当务之急

### 一、图书馆服务与读者需求的差距

有专家曾指出决定读者满意程度的主要是读者需求与图书馆服务之间的差距，而非实际服务行为本身。高校图书馆在努力提供高品质服务的同时，应立足于现实，明确读者的满意度是图书馆服务工作追求的核心，也是评判服务质量的最终标准。因此，努力研究读者需求和图书馆所提供服务之间的差距也是非常有必要的。

#### （一）读者实际需求与管理者对读者需求的理解之间的差距

读者实际需求与管理人员对读者需求的理解上的差距是读者需求和图书馆服务之间最根本的差距，若不能正确评估读者的需求，不能从读者利益和需求入手，那么所提供的服务要想满足或超出读者需求是根本不可能的。造成此项差距的根源主要是管理人员与读者缺乏必要的交流与沟通，不能在全面调查读者实际需求和潜在需求的基础上进行信息需求预测和经营决策。细分析可将此差距归因于以下因素：管理人员对读者需求缺乏广泛的调查研究，导致图书馆的服务与读者的实际需求相脱节，与读者的潜在需求相差甚远；图书馆一线服务部门与行政决策部门缺乏足够的沟通与交流；多级管理体制使一线服务人员与最高决策者之间的沟通渠道不畅。

#### （二）服务质量标准与管理者对读者需求的理解之间的差距

读者对图书馆服务的衡量尺度主要体现于服务质量，而服务质量的体现往往既是全方位的，也是具体细微的。倘若组织决策部门制定了错误的服务标准，即制定的服务标准不能精确一致地反映读者的需求，势必导致此项差距的产生。具体原因包括：对服务质量承诺不当，对服务质量标准的可行性理解不足，确保馆员向读者提供始终如一的服务质量的技术监督机制欠缺，服务质量标准缺乏与读者期望直接相关的目标等。

### （三）服务质量标准与实际服务质量之间的差距

在市场经济社会中，读者来到图书馆，往往习惯于从消费者的角度来看待图书馆所提供的服务质量。读者服务质量是图书馆工作人员为读者进行文献信息服务时使读者满意的程度，因此该差距与图书馆馆员的个人因素直接相关，如馆员的素质、动机、能力及态度等。图书馆馆员对自己的岗位职责认识不清，业务知识欠缺，缺乏应有的培训和履行职责的技能和技巧，使馆员难以胜任自己的工作，以及图书馆馆员头脑中固有的“不可能令所有人满意”的观念是造成此项差距的主要原因。另外，由于管理体制的弊端使馆员缺乏处理各种问题的选择余地和灵活性，使图书馆馆员有受到管理者冷落的念头，因而影响了其服务动机和态度，也是造成这种差距的重要原因。

### （四）图书馆服务与相关的信息交流之间的差距

即实际提供的服务与承诺之间的差距。过度承诺是造成此项差距的重要原因之一，例如，集自动化和统一化于一体的联机公共检索目录（OPAC，Open Public Access Catalogue）可为用户带来诸多便利，然而当它超出了图书馆馆员的调控能力时（尤其是初次使用时），操作上的失败就会阻碍承诺服务的实施；另外，在提供服务时图书馆馆员与读者之间的信息交流的失误也是造成此项差距的原因，比如，图书馆馆员给读者传达了过于理想和乐观的信息，使读者产生了过高的期望值，反而降低了用户的满意度。

## 二、服务创新是满足读者需求的当务之急

早在20世纪30年代，印度图书馆学家阮冈纳赞就提出了著名的图书馆学五定律，即“书是为了用的，每个读者有其书，每本书有其读者，节约读者时间，图书馆是一个生长着的有机体。”[①] 这一论断，从本质上揭示了图书馆工作和发展中的两个核心问题：一是图书馆工作的基本法则——图书馆必须坚持读者第一、服务至上，贯彻全心全意为读者服务的宗旨。二是图书馆发展的重要规律——图书馆必须适应社会的发展和需要，不断审时定位，调整自我。

---

① 阮冈纳赞．图书馆学五定律 [M]. 夏云等，译．北京：书目文献出版社，1988.11.

我们应该认识未来图书馆事业的发展趋势，根据现代读者的新需求，正视目前高校图书馆服务与读者需求之间的差距，从服务理念、服务内容、服务项目、服务方式、服务手段、服务对象、服务人员、服务环境等方面开展服务创新，这样才能顺应读者服务的发展规律，有效地提高读者服务工作的质量和水平。服务创新不是对图书馆传统服务方式的全盘否定，而是在新形势下高校图书馆服务提出的新的更高的要求。

### （一）服务理念人本化的要求

现代图书馆的服务理念在于以传播和传承人类的知识和文化为己任，继续深化“以人为本”的理念，提供个性化服务，提倡读者至上，服务第一的原则。网络经济的发展要求图书馆从根本上转变以“藏书为本”的思想，树立“以人为本”的全新的服务观念，实现工作重心的转移。将传统图书馆借阅书刊的读者概念，转变为在任何地点需要图书馆提供文献信息服务的用户的定义；将传统的在馆里等待读者来馆的服务方式转变为面向社会、主动提供有针对性、有选择的信息服务方式；由传统物理意义上的图书馆转变为现代化的广泛意义上的社会信息中心。最大限度地满足读者的需求是“以人为本”服务理念的最优体现。

### （二）服务内容知识化的要求

随着图书馆读者信息需求意识和要求的不断提高，图书馆服务的重点也从传统的一般性文献服务向知识服务转变。知识服务不是一般的信息服务，而是带有前导性的一种研究活动，是对信息资源的深层次开发和利用。知识服务的对象往往是决策机构、特殊读者，它以信息的搜寻、组织、分析、重组为基础，提供能够有效支持知识应用和知识创新的服务。因此，知识服务对促进知识的传递、利用和转化具有非常重要的意义。图书馆在满足读者一般性信息需求的同时，要帮助读者从繁杂的信息资源中捕获他们需要的、对解决实际问题有用的信息内容，并将这些信息分析、加工、组合成为相应的知识解决方案，并进一步将这些知识固化在新科研项目、产品设计或管理机制中，以提高信息服务的知识含量。

### （三）服务项目特色化的要求

网络化时代对图书馆馆藏及服务特色的要求将会更为迫切，也使其规模效益得到更大程度的发挥，当然也为其提供了更好的发展条件。网络环境下的文献资源共享将进一步强调各馆的特色馆藏，各馆为了增加自己的吸引力，确立在网络上的地位，就需要开发出自己的特色数据库，还要开发网上的特色信息源，以形成自己的特色馆藏。以此为基础，图书馆的读者服务将由一般的常规化服务更多地向特色化服务转移。开展特色化服务，将会更好地满足网络社会读者日益个性化的需求。

### （四）服务方式多元化的要求

随着网络化技术在图书馆的广泛应用和社会公众日益增长的文化需求，图书馆必须改变以往单一的馆藏文献的外借和内阅的服务模式，利用现代网络平台提供各种数据库服务、知识库服务以及多种在线和离线信息服务。如信息推送、知识发现、网络呼叫等服务，这些服务方式、方法，具有较强的智能性、实时性、交互性，能够提供个性化服务，这种能够同时提供实体馆藏与虚拟馆藏的模式，极大地丰富了图书馆服务的内容，强化了图书馆的服务能力，满足了不同读者的需求。

### （五）服务手段现代化的要求

在全面实现计算机管理和综合应用文献信息技术的现代化图书馆中，读者服务操作方法和技术手段的变化将体现在读者服务领域的各个方面。一是图书馆的多种光盘数据库、电子出版物、多媒体文献等自身就具备自动化的信息处理能力，可以进行各类有序化、规范化的检索，还可以实现多元检索目标的灵活组配，使读者找到满意的答案。二是图书馆利用现代技术使读者享受到智能化的信息服务。三是图书馆通过网络可以开展电子函件（E-mail）、电子文件传递（FTP，File Transfer Protocol）、联机公共目录查询（OPAC）。上述服务的用户界面友好、操作方便、直观易用。另外，更为先进的复制、缩微、视听等手段也是网络化图书馆读者服务中经常使用的。

### （六）服务对象社会化的要求

网络环境下的高校图书馆，其本质是社会的图书馆。图书馆将是一种把电子计算机和通信网络联系起来的图书馆的集合，每个图书馆都是地区、全国乃至全世界信息网络的一个节点，图书馆将不再只是为持证读者或本单位、本系统的读者服务，所有的用户都能在任何时间、任何地点利用计算机检索终端和信息高速公路从网上获取各馆提供的所有文献和信息。读者工作的出发点和落脚点也从本校的读者发展到广阔的社会。服务对象的社会化，使高校图书馆从学校这个小圈子、小社会中走出去，融会到大社会中来，使高校图书馆与社会保持同步发展。

### （七）服务人员专业化的要求

网络环境对图书馆馆员的知识结构提出了新的要求，在信息服务过程中由于知识和技术含量的加大，向智能化方向发展，图书馆馆员在工作方式、工作效率等方面将发生质的变化。由于信息媒体的多样化和分散化、网络资源的庞大化和复杂化、信息生产的广泛化和无序化，图书馆馆员将充当知识导航员的角色，通过收集、加工、整理网上信息，使无序的信息资源有序化，并辅导读者进行自助式服务。这就要求每个图书馆馆员必须加强本专业知识的学习，拥有过硬的基本功，熟练掌握和运用计算机技术，通晓英语甚至几门外语，具备信息获取和研究能力、信息生产和创新能力、公关交际能力和学术科研能力，不断探索、补充、更新知识，达到博学多识、专精博通、触类旁通，以满足读者日益增长的需要。

### （八）服务环境人性化的要求

人性化的环境，不仅可以提高读者利用图书馆的兴趣和效率，还能超越其物质实体性而成为精神的、人为的审美世界，成为一种可以对读者施以教化的审美的文化环境。图书馆优美的环境和极具亲和力的氛围不仅能激发更多的读者利用图书馆的兴趣和效率，还能对读者起到潜移默化的美育作用。馆内基础设施要突出人性化特点，为读者提供安静、舒适、稳定、亲切的阅读环境，使读者产生一种美的享受，从而达到心理上的愉悦和满足，取得间接的读书效果。

# 第二章　高校图书馆服务创新的实施

## 第一节　提升服务理念

理念创新是一切创新活动的前提，对图书馆的发展来说也是十分关键的。图书馆从产生至今已经历了三千年的历史，漫长过程中它始终作为一个社会公益部门存在，以文献信息收集、加工、传递来体现其存在价值。但是，随着网络技术的发展，当代图书馆服务在面对新的环境和新的需求下，必须树立新的理念。所谓理念，不仅是哲学所指理性领域的概念，还代表着社会成熟的思想与观念。图书馆服务理念是不断发展的，只有不断淘汰过时的服务理念，才能树立适应新形势下的图书馆服务的新理念。

### 一、以人为本的理念

#### （一）以人为本，读者第一

“以人为本”的提出是对现代化的一种回应，是对唯科技与商业主流的抗衡，在图书馆学领域是对“技术中心论”的反思。“以人为本”理念的提出，表明图书馆人对服务读者认识的深化，对读者价值和权利的认同，体现了图书馆人对读者人文关怀的感悟。2005 年，中国图书馆学会年会提出“以人为本，服务创新”的会议主题。其中“以人为本”的“人”包括两层含义，或者说是两种角度，一是读者，二是图书馆馆员。只有对这两类人的关怀落到实处，才能够真正实现图书馆的社会价值，完成图书馆的历史使命与责任。对读者的关怀，是“以人为本”的根本、目的与归宿；对图书馆馆员的关怀，是“以人为本”的基础、保障与动力。

“以人为本”，对内以馆员为本。以人为本，首先是按照人的本性要求，提高馆员工作和生活质量，把馆员的成长与发展等人性化因素作为追求的目标。以培养馆员的能力和激发馆员的潜能为着眼点，把提高馆员素质、规范馆员行为、调动馆员积极性、发挥馆员创造精神放在首要位置。强调通过人性化教育使馆员的知识结构更为合理。通过建立终身教育理念，使馆员不断获取新的知识和技能，提高自主工作能力，并通过各种形式的实践活动，发挥馆员个性，健全馆员人格，使馆员受到自我教育、自律培养和团队文化的熏陶。通过内在的自我激励，使他们产生对工作的责任、兴趣和成就感。只有这样，知识服务才能通过高素质馆员创造出更高质量、更深层次的服务成果。

图书馆必须采用行之有效的人力资源管理方式，制定一系列切实可行的人事管理制度，充分调动图书馆馆员的创造性和能动性，激励图书馆馆员用自己的智慧和能力为用户开展知识服务。把具有知识和技术的人才从事务性工作和常规管理工作中解放出来，让他利用自己的知识、技术、能力和智慧进行深层次的知识组织、管理和开发，进而为各类用户提供高效到位的服务。

“以人为本”，对外以读者为本。以读者为本要求图书馆的服务和管理都要围绕用户的需要展开。从开馆时间到馆内布局、从服务态度到服务内容、从服务策划到服务质量的评价，都要谋求用户需要的最大满足。按用户需求提供定制服务，便于再加工、再开发。众所周知，不同的用户群有不同的需求，不同的个人用户，需求也不尽相同。因此，应根据用户的特点提供有针对性、特色化、个性化的服务，不同层次的用户采取不同的服务策略。只有掌握社会与本馆整体用户体系、各层次用户群体、各层次用户个体及其需求的立体多维特点和规律，才能真正地从感性到理性，去认识、了解、熟悉用户，才能依据用户层次需求、特点、规律，去有针对性地、有效地、分层次地开发图书馆资源，分层次进行用户教育，分层次组织用户和开展服务工作。只有这样，才能充分满足各层次群体与个体用户的需要。

### （二）人性化服务

图书馆的服务要以人为本，处处把人放在最重要的地位。长期以来，图书馆服务存在的非人性化表现很多：一是不相信读者或用户，很多图书馆设监视器。几乎每个图书馆都有防盗仪，每个阅览室有防盗装置，每本书有防盗磁条，图书馆时时处处在防着读者或用户，这被认为是图书馆的“科学管理”，但从人性化的角度是值得质疑的。二是对读者缺少尊重，从一些图书馆馆员的语言、图书馆的制度、图书馆的警示语（如“严禁读者进入”“不准喧哗”）可见。三是重物轻人，如某些图书馆装空调首先保证计算机房的机器而不是保证阅览室的读者；图书馆藏书空间不足时首先想到的是加高书架、增加书架的密度，甚至撤掉一些阅览桌椅，损害的是读者的空间和方便。四是对读者不平等，体现在读者的区分、借阅制度、服务质量等问题上。五是对保护读者的隐私考虑不够。

人性化服务是以尊重人、理解人为前提的，充分考虑人的需求，最大限度地给人以“自由空间”的服务。过去强调制度，现在强调人性化。制度是基础，人性化是方向，两者必须结合起来。

中山大学珠海校区图书馆给人印象最深的就是他们的“人性化服务”，馆内外处处充满了人性化的举措。进入大厅有醒目的指示牌、消防通道示意图、馆藏布局图和温馨告示，并设有触摸屏；每层阅览室格局一律大开间。读者不仅不感到压抑，反而觉得豁然开朗。一整面的玻璃墙开阔而通透，一眼就能看到海景，真是美的享受！读者可带书包进入阅览室，阅览后的书刊不必放回书架，还备有自助式复印机。阅览室里书架都不高，桌椅也极为考究，书架与阅览桌错落有致，如同人在书海、书为人伴。阅览室还布置有很多鲜花，有长沙发也有围绕柱子的沙发可供读者休闲，图书馆中间的楼梯直通后山的教学楼，犹如知识的通道和风景线。图书馆还对珠海市民开放，每位市民可持有效证件入馆阅览，入馆的读者可感受到图书馆的周到服务。

### （三）个性化服务

个性化服务是有创意的新颖的服务。2000 年 12 月，上海图书馆提出“把我的图书馆送入千家万户”的个性化服务的创新理念，引起了全国图书馆界的共鸣。个性化服务是针对特定读者或用户需求的专门服务。每个图书馆都可以推出特别的创意和特别的服务，如图书馆提供的推送服务、“My Library”“送书服务”“专家室”“小组讨论室”等多种服务方式。个性化服务也是紧密联系本地本馆实际的服务。以爱心伞服务为例，澳门大学图书馆的门口摆了雨伞，供雨天读者借用，读者自觉地用后归还。中山大学备有 600 把标有图书馆字样的雨伞，称为“暖心伞”，放在各馆供读者借用。如今这样的举措在许多图书馆得到了推广，南开大学图书馆于2005年也推出了爱心伞服务。

## 二、一切为了利用的理念

现代图书馆早已突破了“重藏轻用”的旧理念，但是对于“藏用并重”还是“重用轻藏”以及如何“藏”“用”，需要新理念。藏书建设的“存取”（Access），“拥有”（Ownership）之争导致了虚拟馆藏的产生与“资源共享 = 存取 + 拥有（Source sharing=Access+Ownership）”公式的定论。而在“用”的问题上，一切为了利用，既是服务的根本，也是服务的新理念。与其说“书是为了用的”，不如说“图书馆是为了用的”。图书馆的文献信息资源必须发挥作用，图书馆建筑、图书馆的设备设施也不能闲置。

### （一）可检索性（Accessibility）

首先要让读者知道图书馆有什么，在哪里，能否帮助读者快捷地查到所需要的信息。即使一些书刊资料不在本馆，也要帮助读者从他馆找到这些资料。一是注意本馆资料的可检索性。图书馆 OPAC 是否能检索到所有的馆藏信息，是否存在着有文献无编目或有编目无文献的现象（过去叫有书无卡或有卡无书现象，现在因为一些馆回溯编目未能完成或编目系统与馆藏不对应，也存在与过去类似的问题）。图书馆是否实现了跨库检索、一站式检索，这些都会影响检索效率。二是注意他馆资料的可检索性。图书馆联合目录系统是重要的工具，必须引导读者充分利用这一工具，查寻各图书馆的可用资料。三是注意网上资料的可检索性。图书馆是否有好的网络导航系统，是否引导读者检索到网上好的资料，包括免费的网上资料。任何一个图书馆的馆藏都是有限的，都无法做到也没有必要做到“大而全、小而全”，这些资料要发挥作用，要靠可检索性。当一个图书馆的馆藏不能满足读者需要时，满足不了的需求也要靠可检索性去解决。

### （二）可获得性（Availability）

对图书馆的服务对象来说，不仅仅只需要检索文献信息，更重要的是要获得文献与知识，这通常构成了一个文献获取过程的两个环节，为获得而检索，由检索而获得。可获得性除了通过文献借阅的方式外，电子文献传递是一个有价值的新的重要方式，正在许多图书馆开展起来，既使读者受益，又节约了图书馆的采访经费，还减轻了图书馆的藏书压力。

### （三）可用性（Usable）

可用性是指图书馆给读者提供的资料可以使用并具有使用价值。一个图书馆的特藏，对读者开放，读者可以借或阅，就有了可用性；不对读者开放，就没有可用性。图书馆的检索终端机设备完好，可以上机，就有了可用性；设备坏了不维护，就没有可用性。图书馆的阅览座位，每周开放时间长，可用性就强；每周开放时间短，可用性就差。图书馆给读者提供的所有资料都应该是可用的。对电子资源来说，可用性是图书馆服务的一个新的重要指标。能否有效地使用各种资源，既反映了图书馆的馆藏质量，也反映出图书馆的服务水平。例如，图书馆提供的数据库打不开，信息导航的地址经常变化或没有及时更正错误，点击图书馆网页出现空白或“正在建设中”字样，这就不具备可用性，是图书馆的失职。读者一旦发现图书馆的书刊、数据库、网页、阅览设施不能用或利用价值低，就会对图书馆失去信心，就有可能不再来馆。

## 三、主动服务理念

服务是图书馆工作永恒的主题，也是图书馆的立身之本。服务工作的好坏，服务质量的高低，直接决定着一个馆的办馆水平。近几年来，电子图书馆、网络图书馆、数字图书馆等新概念、新理论层出不穷，信息服务领域正经历着一场全新的变革，传统图书馆正在向数字图书馆、网络图书馆逐步转变。但是，传统图书馆将与数字图书馆和网络图书馆在一个相当长的时期内相互依存、共同发展，从而形成一个多种形式混合存在的新的信息环境。在这种新的环境下，图书馆工作人员首先应该考虑的是如何更好地完成信息服务。其中最重要的就是实现由传统的被动服务向主动服务的转化，由单一的、静态的服务向多元的、动态的服务转化。从被动服务转为主动服务是传统图书馆向现代图书馆转变的重要标志，也是当前图书馆改革的关键所在。

### （一）主动宣传图书馆资源

高校图书馆每天都有大量的新书上架，电子阅览室常添置新的学术光盘。如不做好新书陈列、导读工作，读者没有时间也没有精力一架一架地去搜寻新书，即使去搜寻了，也很难在堆积如山的书海里找到新书。如果没有了解新书的主题和意义，不知道对自己有何用处，读者也不会刻意去寻找新书的。只有加强图书宣传的力度，让读者充分了解馆藏动态，才能提高文献利用率。另外，图书馆还应在读者需要大量参考工具书的时候，主动推荐参考工具书目。如在开学时，积极向教师、学生推荐参考工具书，在学生英语过级考试前，主动向学生推荐英语过级辅导书或有参考价值的辅导资料等。

### （二）主动开发信息资源

图书馆的信息资源包括文献资源和网络资源两类。文献是图书馆赖以存在的物质基础，没有文献也就没有图书馆。21 世纪的文献资源，除印刷型外，还有电子出版物如磁盘、光盘、多媒体等非印刷型文献资源。文献信息资源是图书馆开展各项活动的前提条件，它的收藏就是为了开发利用。即将文献中的知识、信息发掘出来，使图书馆由“知识宝库”变为“知识喷泉”，由被动服务走向主动服务，使文献中的知识得到充分的应用和推广，起到文献增值的作用，从而提高文献信息资源的利用率，活化馆藏。

当前要特别重视网络资源的开发。互联网上拥有无数的信息资源，几乎包括所有的学科领域。在互联网上能得到最新的资料、某个科研的最新动态，能查到最近甚至当天的文献，能早日得到相关信息，对教学、科研人员早出成果、出好成果，对学生学知识、写论文无疑会大有帮助。丰富的网络信息资源虽然为信息服务提供了广泛的资源基础，但由于当前网络信息的组织管理还没有规范化，用户只能获得网上的表层信息，还需要图书馆专门的网络管理人员进行深层次的网络资源开发，以帮助读者利用互联网获取相关的资料。加强文献信息资源和网络资源的开发，可以充分发挥高校图书馆的情报传递职能，以达到“广、快、精、准”的信息服务要求。

### （三）主动为教师的科研活动提供信息

高校图书馆是学校的文献信息中心，是为教学科研服务的。科研工作是在前人或别人成就的基础上进行新的探索性工作，它离不开前人的经验结晶。因此，科研人员进行科研时既需要阅读大量与研究课题有关的专业文献资料，也需要阅读大量其他学科的文献资料，还需要尽快掌握这一课题的研究动态。图书馆应主动了解科研人员的信息需求，积极提供科研人员所需要的文献，并从大量文献信息中有目的、有重点地检索、筛选，进行文献信息深加工，做好科研课题的定向服务，并且及时向科研人员提供这一课题的研究动态，以满足科研人员对信息的需求，以收到事半功倍的效果。

### （四）赋予传统的主动服务以新的活力

传统的主动服务如定题服务、新书通报服务、剪报服务、中英文期刊目次通告服务、馆际互借服务等，曾经取得过很好效果，但以往多在人工查阅或计算机检索完成后，由图书馆工作人员将信息资料亲自送至或函送至用户手中，或由用户来取，因而造成信息的时滞过长，同时给用户也带来很多不便。在新的信息环境下，借助网络与通信的优势，就可大大提高服务的质量，更好地满足用户需求。如可将新到馆的中外文期刊目次以电子信息通过校园网及时提供给相关学科的读者。再如，传统的馆际互借范围十分有限，多局限于同一城市几所高校图书馆之间，尚未形成馆际互借的文献传递，异地索取原始文献困难重重。在新信息环境下，可望实现馆际借阅及各种方式的文献传递服务，如网上文件传递、直接下载、电子邮件传递、传真等，大大提高了馆际互借的效率。图书馆可利用自身的优势，主动为读者解决查找和索取文献难的问题。

图书馆开展主动服务，既是时代发展的需要，也是图书馆工作者的历史使命，又必将促进图书馆事业的发展。高校图书馆只有树立全心全意为读者服务的思想，想读者之所想，急读者之所急，主动向读者提供情报信息，并尽快把知识情报传递到读者手中，才能顺应时代发展的需要，提高信息服务的质量，更好地为学校的教学和科研服务。

## 四、开放服务的理念

图书馆自诞生之日起，从封闭到局部开放再到全面开放，经历了漫长的渐变过程。当代图书馆的开放服务理念不再局限于图书馆从闭架借阅到半开架借阅再到全开架借阅，而是具有更多的含义。现代意义上的图书馆开放，是一种全面开放，包括资源开放、时间开放、人员开放和馆务公开。开放服务已成为现代图书馆的重要特征。

### （一）资源开放

资源开放是指把图书馆的所有馆藏资源（包括实体馆藏和虚拟馆藏）和设施向读者开放。资源开放的内容及要求：①所有馆藏全部开放利用。②尽最大努力实施开架借阅。③馆与馆之间相互开放资源，实现资源共享。④馆内所有设施（如书库、展览厅、视听室等）向读者开放。⑤全面揭示馆藏，健全检索体系；等等。

### （二）时间开放

时间开放是指最大限度延长读者利用图书馆的时间。自从图书馆提出“365天，天天开放”这项服务后，确实赢得了社会和读者的好感。而比这更重要更具体的是图书馆大门旁清晰标出的开放时间（Library Hours），《读者手册》详细列出每个季度每个阅览室的开放时间表，这在国内外图书馆极为常见。在美国大学，有40%的图书馆开放时间达到每周80小时以上，有25个馆甚至达到168小时。我国的国家图书馆和上海图书馆等也实行“365天，天天开馆”。图书馆服务的时间开放要求做到：①节假日和公休日不闭馆，即“图书馆无休息日”。②馆内开展任何公务活动都不影响正常开馆。③保证开馆时间的完整性和连续性，避免中断。

### （三）空间开放

空间开放是指图书馆要把每一扇门打开。除了藏书全部向读者开放外，各个部门、各个设施都应当向读者开放。

### （四）人员开放

人员开放是指图书馆不分国籍、种族、年龄、地位等，向所有人开放。图书馆不仅是一个阅读场所，也是人们观光、交谈、休闲、娱乐的场所，是具有综合功能的社会文化中心。图书馆服务在文化层面上具有不可或缺的存在价值。图书馆服务增强了人与人之间的感情联系，也提供了人们相互交流的场所。大学图书馆和科学图书馆要努力向社会开放。深圳大学城图书馆定位为大学图书馆和科技图书馆，不仅为北大、清华、哈工大、南开分校4个校区服务，而且为全市科技人员服务。既扩大了图书馆的功能，又扩大了服务范围。“图书馆向社会上所有的人开放”应成为现代图书馆服务的最具吸引力的魅力所在。

### （五）馆务公开

馆务公开是指凡是与读者服务有关的决策（如有关制度、规定、做法等）过程及其结果向读者公开。馆务公开既是图书馆决策民主化的需要，也是图书馆服务取信于读者的需要。实行馆务公开要做好几方面工作：①制定馆务公开制度。对需要公开的事项、公开的时间、公开的方式等，做出明确规定，使其制度化。②建立读者参与管理、参与决策的机制。凡是与读者利益攸关的重大决策，都应事先征求读者意见，并在可能的情况下让读者直接参与决策过程。

为此应设立“读者监督委员会”之类的非常设机构。③公开读者监督途径。如公开读者监督电话（首先应公开馆长电话），设立读者意见箱，公布领导接待读者日等。④公开接受读者评价。图书馆服务工作的好坏，其主要评价主体应该是读者，“读者是否满意”是衡量图书馆服务工作好坏的主要标准。在组织图书馆评估时，应设有“读者满意程度”指标，并使这一指标在整个评估指标体系中占有足够分量。

## 第二节　完善服务体制

### 一、引进竞争机制

目前，在一些高校图书馆中，依然存在“大锅饭”现象，员工的收入没有与工作业绩挂钩，造成“干多干少都一样”的局面。分配实行以职称为主的工资制度，但在职称评定时，只讲论资排辈，不问能力高低，不讲工作贡献大小，极大地挫伤了员工的工作积极性，阻碍了图书馆事业的发展。

优胜劣汰是自然发展的规律，竞争是社会主义市场经济体制的主要特征。中国的改革开放之所以取得了令世人瞩目的成就，正是由于引进了竞争机制。引进竞争机制，改革人事制度是调动员工积极性、实施高校图书馆各项职能的关键。有的院校搞了竞聘制，他们采用“民主集中，科学定岗，公开招聘，平等竞争，自由流动，双向选择，择优录用”的原则，对每个工作岗位的人员素质、岗位责任定得清清楚楚，让馆员自由选择。一项工作多人选择，采用竞争上岗的办法，能者居上。这种做法给每个员工提供了平等的机会，激发了员工的上进心，同时加大了考核力度，实行计量管理，奖金同工作贡献、工作态度挂钩，采取多种形式的激励措施，充分调动了馆员的工作积极性。

现在，有些高校图书馆存在着分工过细、馆员业务能力单一的弊端。有的人做一项工作一干就是十几年，习惯于凭经验做事，业务水平很难有所突破。通过竞聘上岗，使人才实现合理流动，不仅使馆员可以凭自己的兴趣、特长等优势自主选择工作岗位，有利于发现和培养一专多能的人才，而且有利于人才的脱颖而出和图书馆业务工作的创新。随着人事制度改革的不断深入，内部岗位竞争已成趋势，图书馆馆员必须增强进取心和竞争意识，不断充实和完善自己，才能做好本职工作。

## 二、实施激励机制

### （一）激励机制的概念

激励是指激发人的行为的心理过程，它的含义是指利用某种外部诱因，调动、激发人的积极性、主动性和创造性，使之朝着期望的目标努力前进，取得成就的过程。根据心理学的研究，人的行为具有目的性，而目的源于动机，动机产生于需要。由需要引起动机，动机支配行为并指向预定的目标。激励正是持续激发人的动机的心理过程。机制可以理解为包含事物发展变化的规律和使其健康发展的制度。激励是追求管理活动的人性化，机制则是追求管理活动的制度化。因此，激励只有形成机制，才能持续有效地发挥作用。运用到图书馆管理方面的激励理论主要如下。

1. 给予型激励理论

给予型激励理论又称为需求理论，主要研究激发动机的因素。其中具有代表性的是马斯洛的需要层次论和赫茨伯格的双因素理论。

马斯洛将人的需要分为生理需要、安全需要、归属和爱的需要、尊重的需要、自我实现的需要五个自低向高的需要层次。人类有着各种各样的需要，一种需要满足后，又会出现更高层次的需要。不断地满足这些需要就是人类行为的基本动因。管理者要善于运用有针对性的激励措施，只有“投其所需”才有激励作用。

赫兹伯格的双因素理论认为能够引起员工反应的因素应分为能够消除不满意的保健因素和能够引起满意的激励因素两类。如职务、工资、上司、同事之类具体的、物质的、外在的因素，这些因素处理得好，就能消除员工的不满意，这类因素不是激励因素，只能称为保健因素。要想让员工达到满意状态，即受到激励，还必须在消除不满意的基础上再给予他们那些非物质的、内在的因素，如工作富有成就、工作成绩得到承认、工作本身重要等，这类因素才能真正起到激励作用，才可能称为激励因素。按双因素理论要求，领导者要更多地考虑人的社会性、情感性、心理性需要，充分重视人的成就欲与事业心在调动工作积极性中的作用。

需要型激励理论强调被激励对象的需要，它通过对人类潜在需要的分析，一是指出了人的需要具有多样性和变化性，二是归纳出了对人的行为有激励作用的特定需要和因素。该理论启发我们，高校图书馆管理如果要发挥激励的作用从而调动员工积极性、开发员工潜能和实现组织目标，那么就应该从各方面采取多种措施来满足那些对员工有激励作用的特定需要，而这就有赖于一个全方位的激励管理体系的建立。

2. 比较型激励理论

比较型激励理论是针对人的行为过程的。最具代表性的是弗洛姆的期望理论和亚当斯的公平理论。期望理论的内容可表达为：工作动机 = 激励力量 = 目标价值 × 期望概率。上述公式告诉我们，激励力量取决于目标价值与期望概率的乘积，即取决于两者的综合作用。作为图书馆的管理者要正确认识图书馆工作目标价值，要重视目标难度的设计，要注意目标价值和期望概率两个激励因素的配合作用。

3. 反馈型激励理论

反馈型激励理论是将激励的作用定位于行为的目标或结果对下一步工作积极性的影响上。激励是一个需要产生动机，动机支配行为，行为实现目标，目标满足需要的过程。任何激励理论都离不开对这一过程某一环节的作用。对这一过程任何一个环节施于激励作用都会激发人的潜能，调动员工的工作积极性。实践证明，人的积极性和创造性的发挥与人所受的激励程度相联系。美国哈佛大学詹姆士教授研究发现，按时计酬的分配制度，仅能让员工发挥 20% ~ 30% 的能力，但如果给予充分激励，则可使其发挥出 80% ~ 90% 的能力。① 因此，图书馆管理者要善于用人，充分信任馆员，重视、研究激励对人力资源开发的重要作用，千方百计地激发馆员的潜能，营造一个团结、和谐、高效的群体。使每个馆员都能获得最大限度施展个人聪明才智的空间。

## （二）激励机制的作用

1. 有利于激发每个馆员的内在潜能

你可以买到一个人的时间，你可以雇到一个人到指定的工作岗位，你可以买到按时或按日计算的技术操作，但你买不到热情，你买不到创造性，你买不到全身心地投入。科学研究表明，人是有极大潜力的，但能否充分挖掘出来，则取决于激励机制是否有效。

① 威廉·詹姆士 . 威廉·詹姆士哲学论文集 [M]. 邱娟、吴杨义，译 . 北京：北京理工大学出版社 , 2021.07.

2. 有利于吸引和留住优秀人才

图书馆各种专业人才的价值取向主要表现为对高报酬和事业成功的双重追求。在图书馆人力资源管理中，通过健全激励机制，可以稳定现有馆员队伍，还能吸引外部优秀人才向本馆流动。

3. 有利于个人素质的提高

通过激励机制可以控制和调节人的行为取向，提高馆员不断努力学习的积极性，促使馆员不断提高个人的综合素质，更好地发展能力。

### （三）健全激励机制的方式

1. 目标激励

所谓目标激励，就是把大、中、小和远、中、近的目标相结合，使馆员在工作中时刻把自己的行为与这些目标紧紧联系。人们追求目标是为了实现自己的愿望，满足自我需求，所以合理设置目标是一种有效的激励方法。

目标激励包括设置目标、实施目标和检查目标三个阶段。①建立一套完整的目标体系。图书馆管理者应依据图书馆实际状况，制定出切实可行的长期发展目标。同时根据长期目标制定中期目标和短期目标。图书馆各部门要依据图书馆目标分别提出自己的分目标。从而形成一套完整的目标体系。各层所定目标必须具有一定的难度和可操作性，既需要人们付出一定的努力，又在努力之后确实能够实现，一个振奋人心、切实可行的目标，可以起到鼓舞士气、激励员工的作用。相反，那些可望而不可即或既不可望又不可及的目标，会产生适得其反的作用。②目标实施。图书馆管理者在目标确立后，应根据目标要求和实际，指导和监督馆员完成目标。在目标实施过程中，管理者应加强与馆员的沟通，及时发现问题，修正偏差，以便目标能够顺利实现。③考核评价。在阶段目标实施后，图书馆管理者应对照目标的实施结果及时进行总结和评价，并给予相应的物质和精神激励，进一步激发馆员的目标认同感和工作自豪感。

2. 培训激励

培训能够成为一种有效激励因素，主要因为每个馆员都希望有机会参与培训，培训可以使馆员获得发展，可以满足馆员自我实现的需要，因此，培训能够有效地激励馆员更努力地工作。培训作为一种有效的激励机制，通常的方式有: ①组织业务能力强、接受新事物快的馆员到著名图书馆参观学习，解放思想，取长补短。②定期选派业务素质高的馆员进行短期培训，补充新知识。③选送优秀馆员到旅游胜地参加培训班。④鼓励馆员利用业余时间学习，并对成绩优异者进行奖励。⑤创造条件，选拔优秀馆员出国考察，开阔视野，增长见识。

3. 参与激励

参与激励指图书馆通过创造和提供一切机会，让馆员参与图书馆组织的决策、计划的制订、重大事情的处理等。实行参与激励一方面可以充分发挥全体馆员的集体智慧，防止和减少决策上的失误，另一方面也可以使广大馆员感到自己是图书馆的主人，增强他们的主人翁责任感，从而提高馆员的工作积极性，进一步发挥馆员的潜能。完善的参与激励机制可以有多种方式，例如，决策的民主性。成立由图书馆领导班子成员、工会主席和各部门主任组成的馆务委员会。充分发挥馆务委员会的作用，凡是馆内重大决策均由馆务委员会集体讨论通过。又如，重视馆员意见和建议。与馆员切身利益相关的政策出台，都要召开座谈会，征询各个层次馆员的意见，对采纳的建议进行鼓励，对不能够采纳的进行解释。

4. 支持激励

馆领导要善于支持馆员的创造性建议，充分挖掘馆员的聪明才智，使大家都想事，都干事，都创新。支持激励包括：尊重馆员的人格、尊严、创造精神，爱护下级的积极性和创造性；信任馆员，放手让馆员大胆工作。

5. 信任激励

人们在感受被信赖的时候，会产生快乐和满足，信任激励机制的完善能让馆员与管理者之间产生心灵的共鸣，进而有全力以赴投入工作的决心。信任激励贯穿于用人的始终。应以“用人不疑”的态度，对馆员予以充分信任，以政策激发馆员的积极性和创造性。使其全身心地投入到工作中去。从而获得最大的人才效益。当然，信任的前提建立在馆员的德才表现、工作业绩、发展潜力等基础上。当图书馆领导者信任了公认的“值得信任的人”，也就赢得了群众的信任，否则会挫伤他人的工作积极性。信任激励一是领导者将任务重、难度高的工作分派给德才兼备的馆员，二是要及时将他们提拔到重要的工作岗位，通过合理晋升，使德才兼备的馆员工作能力和业绩得到肯定，其士气和绩效都会改变，还可以给他人以同样的期待。

6. 荣誉激励

荣誉激励说到底就是满足人们自我实现的需要。马斯洛的自我实现的需要是人类最高层次的需要。而荣誉是一种终极的激励手段。荣誉激励的方式有馆内评选优秀馆员、优秀部室，评选服务明星、服务标兵，发放荣誉奖状、证书，通令嘉奖、表扬等。在进行荣誉激励时，必须避免两个问题：①荣誉过分集中。由于惯性思维，只要某位馆员在某方面取得成绩，就比其他人有更多的机会获得各种荣誉。荣誉过分集中，会让其他馆员觉得反正自己评不上先进，而丧失努力工作的热情。②轮流当先进。这样做非但起不到激励作用，反而会使馆员对先进产生无所谓的感觉。

7. 物质激励

物质激励是通过物质刺激调动馆员积极性的重要手段。物质激励运用得合理，能够起到稳定馆员队伍，吸引优秀人才，提高工作效率的作用。完善物质激励要注意以下几个问题：①切忌平均主义。平均等于无激励，平均非但不能培养馆员的创新精神，还会扼杀馆员的积极性。②进行分配制度的改革。严格考核，将结果与奖金分配挂钩，真正做到奖勤罚懒、奖优罚劣，拉开分配档次，重点向知识含量高、劳动强度大的岗位倾斜。③物质激励的局限性。当馆员取得的报酬已经达到一定高度，而且提高与降低的幅度较小，不能产生实质影响的时候，物质激励的局限性会更加明显，必须通过其他手段达到激励的效果。

## 三、设立监督机制

读者监督，指的是请读者对图书馆的管理、服务进行过程性的检查、监督和评价。读者监督机制，则是指在图书馆管理中运用读者监督的手段来影响、促进整个管理的工作系统。它是图书馆管理体系中的有机组成部分。

“读者第一”“服务至上”、以人为本、以读者为中心的服务思想早在20世纪50年代就已在图书馆界倡导，并始终是图书馆管理者们努力追求和推崇的服务理念。然而，实践证明，在以往的管理活动中，普遍存在重决策、轻监督的现象。且在监督检查这一环节中，又偏重于各层次管理机构进行的行政监督和职代会进行的民主监督，这些无疑都是对的。但对读者监督却没有引起足够的重视，导致作为评价图书馆工作好坏、优劣的主体对象的权利没有得到充分利用，这在很大程度上影响了图书馆服务质量的提高。

## （一）高校图书馆实行读者监督机制的作用

1. 实行读者监督机制可增强员工责任心，提高工作质量和工作效率

高校图书馆员工来自不同领域，其观念、素质参差不齐，加之大学生读者专业、年级、阅历不同，他们的阅读兴趣、阅读需要、阅读倾向和阅读能力都不同，这些都对图书馆员工的工作能力、业务水平及综合素质提出了客观要求。然而员工的现状与读者需求相去甚远。如何才能满足读者需求呢？答案是在员工心目中强化读者意识。有了读者意识，员工自然就会考虑，我的工作在哪些方面有待改进，哪些方面会招来读者非议，哪些服务会赢得读者赞赏。实行读者监督机制能尽快使“读者第一，服务至上”的服务理念根植于员工心中，自觉改变自己。唯有这样服务，意识才有可能真正转变，读者与图书馆馆员间的矛盾才会大大改善。

2. 实行读者监督机制可激活员工的内在潜能，彻底打破大锅饭，从而形成竞争态势

高校图书馆启用读者监督机制实际上就是请读者评价、评判本馆员工的工作水平、态度、业绩等。员工的工作过程和表现全在读者的掌握之中。这样，每位员工的工作职责、指标、价值以及读者的主体地位都会在监管中得到充分体现。监督机制与员工的工作效益、业绩与工资、奖励、奖金挂钩，使员工的惰性受到抑制，因此各种规章制度不再是口头上的说教，各种数据不再是难以兑现的纸上谈兵的数字符号，由此员工潜能得到激发，竞争局面自然形成。

3. 实行读者监督机制可缓解管理层与群众之间的直接冲突，改变上有政策、下有对策的尴尬局面

许多高校图书馆一般采用的是二、三级管理模式。由于每层管理人员认识与素质不一样且层层又有自身的利益考虑，管理认识很难一致，这样决策层的管理意图就不容易贯彻始终。读者监督机制的启用解决了图书馆行政管理中难以到位的五方面：一是把管理层的软监督变成硬监督。二是把管理层的浅监督变为深监督。三是把管理层的阶段性监督变成全过程监督。四是把管理层的平面监督变为立体监督。五是把单一的管理人员行使的监督任务与全校师生员工的全体监督结合起来，减少领导与群众的对立因素。广泛的读者监督比仅靠管理层几个人的阶段性监督更全面、客观。让读者对所有服务环节进行全面观察、监督，可杜绝阳奉阴违、屡禁不止的违规行为，扭转不良工作作风。

4. 实行读者监督机制可激发读者的维权意识

首先，读者的主体意识增强。他们不仅是一个读者，还是一个监督者，有了双重身份。这不仅使他们关心资源，还关心图书馆的管理。因为只有图书馆的管理搞好了，图书馆的服务才会好，资源才会得到更为充分的利用。其次，读者的权益意识增强。读者参与图书馆管理监督，是图书馆提供了一种维权机会，监督行为也是维权行为的一种表现。同时，这种维权意识本质上是现代公民社会参与意识的基础或萌芽。最后，读者的归属感、自豪感增强，与馆员的沟通也多了，能够理解图书馆工作的辛苦，因而也能改善馆员与读者之间的关系。

## （二）高校图书馆实行读者监督的有效途径

第一，高校图书馆职能部门会同读者协会，对有兴趣参与监督图书馆工作的读者进行培训、考核，挑选出部分各方面都很优秀的读者，有计划、有组织地对图书馆各部门的工作轮流查岗，记录各岗位员工的工作状况、填写读者监督卡，全方位监督该图书馆馆员的工作。这是读者监督的主线。

第二，依据信息工具求得读者监督。如可通过校园网或图书馆网主页上传员工照片、姓名、工号，这样读者可直接上网留言、投诉。读者甚至可通过该办法评选自己认为优秀的工作人员和不文明服务的工作人员。

第三，采用问卷调查的形式，全面收集读者意见和建议，了解各部门的工作状况。

第四，在图书馆显眼处设读者意见箱、读者监督卡、读者投诉卡，这样读者在任何时候只要他认为该图书馆的工作中存在某些问题或有不当之处都可提出。无论是图书资料的流通、阅览，还是图书资料的采购、编目、加工以及管理等都可受到读者监督。读者监督可覆盖图书馆工作的任何环节。诚然，要搞好这项工作必须有一系列与之配套的办法。如管理机制与读者监督机制相结合，确立科学的监督标准、严密的监督程序和合理的监督方式，制定奖惩条例、评价指标等。只有这样，才会在广泛宣传维权意识的今天不断总结、完善监督程序和内容，构建有高校图书馆特色的、行之有效的读者监督机制。

# 第三节　开发人力资源

## 一、人力资源的概念

在经济学上，资源是为了创造物质财富而投入于生产活动中的一切要素。当代经济学家把资源分为自然资源、资本资源、信息资源和人力资源。人力资源是生产活动中最活跃的因素，也是一切资源中最重要的资源。由于该资源的特殊性和重要性，它被经济学家称为第一资源。究竟何为人力资源？从不同的角度出发有不同的定义。在此，我们将其定义为：人力资源是指具有为社会创造物质财富和精神财富、为社会提供劳务和服务的人。高校图书馆的人力资源就是为图书馆用户服务的所有工作人员。人力资源是图书馆诸要素中最活跃最具创造力的资源，是高校图书馆生存发展的保证。

## 二、高校图书馆需要高水平人才

### （一）现代信息技术的发展需要高校图书馆有高水平的人才

随着现代信息技术的发展，图书馆的外部信息环境和内部业务机制正在发生重大的变化。计算机技术、通信技术、信息数字化技术、多媒体技术涌进了图书馆，使图书馆在信息处理与信息传播，开发智力资源，造福于社会等方面的职能越来越凸显。面对浩瀚的信息资源的整序、管理、提取和服务，图书馆需要大量的懂新技术、懂专业的高水平人才，来拓展信息服务的内涵，提升服务质量，更好地服务于社会。同时，高校图书馆也迎来了前所未有的挑战和发展机遇。未来的现代化图书馆将在高校的教学科研中发挥不可替代的作用。

信息时代的高校图书馆是学校的信息中心，以网络传递为工具迅速方便地连接本地区、全国乃至全世界的数据库，向读者提供全方位的服务，并为满足师生的需求，提供纸质资料、电子读物以及网络资料。信息时代的高校图书馆应该成为信息咨询服务中心，它以读者为本，以读者满意为标准，满足读者的各方面咨询需求，并提供学科预测、专题综述、述评、信息通报等信息导航服务。信息时代的高校图书馆应具备一支高素质、高水平的人才队伍，他们具有敏锐的信息意识，熟练的信息技术应用能力，信息资源的深层次加工、开发、整合能力，以及学科信息的导航能力。信息时代高校图书馆的竞争，将是服务的竞争，是人力资源的竞争。因为高校图书馆人员队伍，是知识信息的加工者，是图书馆信息库的建造者和维护者，是信息资源使用者和信息资源之间的桥梁，又是高知识含量信息产品的设计者、生产者和操作者。图书馆高素质、高水平的人员队伍，是高校图书馆向现代化迈进的内在动力，没有这些高素质高水平的图书馆馆员，高校图书馆的现代化进程和图书馆的未来都无从谈起。只有把人的全面发展当作长远的培养目标，积蓄图书馆的人力资源优势，充分体现和发挥人文精神，才能真正使图书馆兴旺发达。

### （二）知识服务呼唤高水平人才

知识经济的出现和现代化信息技术的发展，使知识管理走进图书馆成为一种趋势，图书馆走知识服务之路也是一种必然。图书馆不能排斥以藏书资源建设、文献流通浏览、文献编目检索等为基础的传统信息服务，但要着力从传统的信息服务向以知识管理为指导的知识服务发展。知识服务将贯穿于用户解决方案的始终，强调图书馆馆员运用自己的知识与能力，借助于馆藏，对馆藏信息进行加工，形成新的知识产品，为用户提供解决方案。

知识服务的主要特征：①以读者的需求为出发点和中心。强调的是收集知识的创新信息；研究的是由科学技术发展而产生的读者对知识的需求。②通过各种方式促进新知识的传播，以满足读者现实的和潜在的需求。③以提高读者吸纳知识、运用知识、自我更新知识的能力为目标，强调读者对新知识反映的灵敏度。从可供服务的信息源看，各种类型的光盘、多媒体数据库等电子出版物的出现，使信息载体多样化、信息来源多元化。信息的传播量和信息的传播速度都较以前有了显著的提高。服务人员能回答更多的事实性咨询问题，实现服务内容的变革。

在知识经济时代，由于知识创新、知识发展、知识爆炸所带来的信息量的扩大和知识更新的速度加快，促使馆员必须跟上时代的步伐。同时，图书馆又以提高读者吸纳知识、运用知识、自我更新知识的能力为目标，所以，迅速提高馆员的素质刻不容缓。一名出色的图书馆馆员，要具备以下信息意识和信息能力：敏锐的信息意识、较好的获取能力、专业信息的加工能力、娴熟的信息技术应用能力与系统信息导航能力，同时图书情报人员还应该学习和掌握信息网络及其他相关技术，成为学术型、知识型、导航型馆员，以便进一步提高图书馆的社会信息服务效能。这是图书馆管理与服务中构建和谐环境、推进事业可持续发展、重视人文关怀等理念能够得以落实的最基本保障。

### （三）高校图书馆可持续发展需要高水平人才

图书馆实现馆藏资源、服务方式、管理模式的更新，人才是基础。要适应当今社会发展的需要，实现图书馆可持续发展，人是决定因素，建设现代化图书馆关键是建设一支高素质的图书馆馆员队伍。

## 三、高校图书馆现有人力资源的不足

### （一）馆员专业素质不高

长期以来，在图书馆工作中，未将馆员素质的提高当作工作的中心，忽视了人作为图书馆主体的重要作用。这种做法最终损害的不仅是馆员的利益，而且降低了服务读者的水平，损害了图书馆自身形象和读者的利益。

### （二）队伍结构不够合理

当前高校图书馆人员结构不合理是长期以来形成的。从高校恢复招生以来，图书馆事业并没有引起图书馆领导的高度重视，普遍认为其主要功能就是图书馆的订购、分类、编目与沟通。高校在用人方面其政策、条例及考核措施也侧重于行政干部、教师及科研人员，对图书馆管理人员除了出勤率作为其考核的主要标准外，并没有重视对其专业技术上的配备要求，甚至成为学校人力资源管理当中“被遗忘的角落”。

### （三）馆员再教育滞后

目前，很多管理者在如何提高图书馆的水平的认识上还存在着误区，往往只重视文献资源购置经费的投入和硬件设施的添置，不重视对人员素质的提高，导致员工继续教育的滞后，严重影响了人力资源的可持续发展。

## 四、开发人力资源，提升人的能力

在知识经济、信息经济的时代，人的素质是诸多因素中最为重要的，学习的目的就在于提高人的素质并使之得到发挥。人力资源的深度开发除了通过一定的经营管理制度和手段，使人的潜力得到充分利用，很重要的一点就是进行教育和培训，提升人的能力。

## （一）重塑知识结构

高校图书馆服务人员要能适应服务环境的变化和挑战，真正能在服务创新中大展身手，就要实施知识结构的转移，重塑有助于强化创造性品格和创新能力的知识结构。

1. 变轻型结构为重型结构

在社会的信息拥有量迅速扩张的情况下，贫乏的知识很难产生创新性思维，从而要求读者服务人员的知识拥有量，逐步由轻型结构向重型结构转换，以便与迅速扩张的信息量相适应。这种转化并非单指在量上的简单增加，而是知识的整体性提升和结构性的变化，体现出服务人员在知识结构上质的飞跃。

2. 变封闭型结构为开放型结构

现有读者服务人员的知识结构，基本上还局限于先前所学的教科书中的内容，显然不能适应社会知识不断更新和读者服务深入发展的要求，需要形成开放型结构，不断吸纳新知识，促进思维的创新。

3. 变被动型结构为创造型结构

要做到这一点，就得调整现有的知识结构，从被动接纳的知识结构转向创造型结构。逐步形成包括下述知识在内的新的全面性知识结构。

①基础型知识。包括两个层次：一是哲学、自然科学、社会科学等文化科学基础知识。二是信息及信息管理、计算机等专业基础知识。

②中心型知识。即知识结构要围绕某些具体问题而建立，形成一个起主导作用的核心。现代读者服务人员的核心知识是信息管理科学知识。

③多元型知识。指知识结构具有多层次性和广博性，有助于创造性地解决各种实际问题。读者服务人员要能适应深入开展读者服务的要求，就必须掌握某学科的系统知识及相关学科的专业知识。

④立体型知识。立体型知识结构可分为两种形式：一是“T”形知识结构，即纵向专业知识加上广博的横向知识面。二是飞机型复合知识结构，机身为专业学科和信息管理知识，机翼为计算机及外语知识。

## （二）提高信息素养

1. 综合信息的能力

这主要表现在三个方面：第一，较高的英语水平。Internet 上 95% 的信息以英语表达为主，这样一来，图书馆馆员英语水平的高低，决定着其收集、整理信息的能力。第二，较高的计算机水平。图书馆馆员应能够在浩瀚的信息中区别各种类型和格式的潜在信息源，有效地存取所需信息，能够提取、记录和管理信息及信息源，并为存取所需信息选择最适宜的检索系统，这一切离开了较高的计算机水平是行不通的。包括熟练掌握计算机特别是网络技术，如网上编目、网上查询、网上互借等，熟练使用局域网、国内联机检索和 Internet，进行多方位、多视角检索，为读者提供信息服务，能对不同数据库、网站的信息资源进行选择、整理和加工，掌握各种载体性能，指导读者使用各载体信息，并利用网络终端查找所需信息。第三，相应的专业基础。在信息工作中，图书馆馆员要从收集到的信息中提取有效信息并加以评价，对主要观点进行合成，确定新信息是否对馆藏价值系统有影响，把所选择的信息加入知识库。图书馆馆员能否选取有价值的信息，很大程度上取决于其是否具备一定的相应专业知识。

2. 知识管理能力

知识管理就是要将各种咨询资源转化为具有网状联系的规范知识集合，并对这些知识提供开放式管理，实现知识的生产、利用和共享，以帮助学习者对知识进行全面的获取和建构。知识管理可以建立激励读者积极参与知识共享的机制，培养读者的知识意识，有利于培养读者个体和集体的创造力。因此，图书馆馆员具备知识管理的能力，这不仅是图书馆馆员职业的需要，更是高等教育改革的需要。

知识管理能力是指面对浩瀚如海的网络信息资源，图书馆馆员能够有效地获取、加工、处理这些资源，使之转化为能够为己所用的咨询资源。知识管理能力要求图书馆馆员了解知识管理的基本原则、会使用知识管理的工具。知识管理需要遵循的原则是积累、共享和交流。积累是管理的基础，是指知识资源要达到一定的数量和质量。共享是指学习组织内各成员之间的知识要公开，共同拥有。交流是指组织内成员之间要进行交流和沟通，是知识管理的最高层次。知识管理的工具包括知识的生成、编码、转移工具。知识的生成工具可以帮助我们实现知识的获取、合成和创新。编码工具则可以通过标准的形式表现知识，使知识能够方便地被共享和交流。转移工具可以实现知识的传播和流动，使知识产生巨大的效益。

3. 信息教育的能力

在信息技术教育中，图书馆馆员的角色是多方面的。一方面，图书馆馆员本人需要接受信息技术教育。另一方面，图书馆馆员又是学校普及信息技术教育的主要执行者，在信息咨询中用自己的行为作为榜样，使读者受到潜移默化的信息技术教育是信息时代图书馆馆员的咨询必备能力。伴随着信息技术教育的普及以及信息技术与学科课程整合的程度越来越高，图书馆馆员的信息教育能力显得越来越重要，不仅需要图书馆馆员在咨询过程中自觉地融入信息教育的内容，更要求图书馆馆员在工作、学习、生活中自觉地运用信息技术，营造浓郁的信息文化氛围，使读者从图书馆馆员身上能够感受到信息的魅力，激发他们学习信息技术、应用信息技术、自觉加强信息素养养成的动机。

## （三）创立学习机制

学校应把图书馆馆员继续教育纳入教师培训计划之内。一个蓬勃发展的现代图书馆，必然是馆员能够从不同渠道持续接受各种级别和各种类型教育的图书馆。图书馆馆员对继续教育的需求其实并不止于职业对其素质的规定，自身发展的需求也是产生较高和多样化的教育需求的重要因素。当今各图书馆在馆员继续教育的过程中不断摸索，逐渐形成了不少行之有效的教育模式。

1. 自主学习模式

自主学习模式是由图书馆馆员根据工作的实际需要，参照上级部门制定的培训目标，在一定范围内自选培训内容、途径和形式，通过自主学习来提高自身素质的一种教育模式。在实施个人开发模式中，继续教育管理部门将采取社会需求与个人需求相统一的价值取向原则，制定继续教育的目标、内容和评价体系，而继续教育培训机构则根据馆员的需求提供服务，并负责进行考评等。由于目前条件所限，对大多数图书馆馆员来说，以自学为主是尽快改变自己知识结构，提高学术水平的必由之路。

2. 馆内培训模式

在上级主管部门和有关业务部门的规划指导下，以馆员任职馆为继续教育的基地，以馆长为第一责任人，根据本馆需要与馆员需求制订教育计划，以提高馆员的技术能力为主要目标，通过多途径、多形式把馆员的继续教育与其业务工作、科研实践等紧密结合起来的教育模式。

3. 科学研究模式

该模式是通过指导馆员联系业务实际进行科学研究，通过提高馆员的科研能力，自我更新知识的能力和工作技能，从而推动馆员整体素质提高的一种继续教育模式。在我国绝大部分图书馆中，科研成果与职称以及奖金的评定相挂钩，在一定程度上激发了馆员对科学研究的热情，与此同时，馆员的继续教育也得到了相当程度的实施。这是图书馆馆员继续教育的理想模式。该模式能促使馆员立足本馆的工作实践，开展学习和研究，研究成果具有实用性、针对性和时效性。馆员可以通过对图书馆业务的学习与研究，更好地掌握本职工作的规律，提高业务能力，开发自身的创造能力，从而更好地提供信息服务，完善图书馆管理。

4. 课程教授模式

课程教授模式是以大学、专门培训机构为主要培训基地，以提高馆员知识水平为目标，通过为馆员开设系列理论课程来开展继续教育的一种模式。其教育形式有学历教育、非学历进修和短期培训等。这种模式能使学员较系统地学习某一学科领域的理论知识，有利于图书馆馆员理论水平和学历层次的提高，比较适用于严谨的、具有学术性和研究性的培训。但这种把馆员集中起来当“学生”加以培训的模式，重视了教师的主导性，一定程度上却忽视了“学生”的主动性，忽视了“学生”是学习的主体，更不能顾及学员各自工作岗位的特殊需要，培训的实效性和针对性不强。馆员的继续教育要从根本上满足其不同需要，就不能局限于理论课程的学习。应在此基础上，针对现代化图书馆的需要，注重现代技术以及网络服务等方面的继续教育，使馆员不仅提高图书馆基础理论水平，还能提高信息收集、加工、处理和网络服务能力。应注意把培训渗透到教学情境和过程中，在提高他们专业知识的同时，注重把馆员所学的知识与工作实践有机地结合起来，强化知识的应用，才能真正地提高馆员的素质。

5. 远程教授模式

远程教授模式是一种凭借现代传媒技术代替教师课堂面授的教育活动。它建立在客观的、理性的交互作用的基础上。远程教授的形式有函授教育、广播电视教育和计算机网络教育。其中基于网络的远程教授模式的基本运作方式是:教师利用远程教授平台进行授课，对学生提出的问题进行解答，师生之间通过电子邮件或在网站聊天室里进行交流，课后把作业和课程相关资料发布到网上，学生则在网络上完成课后练习，教师通过测试软件对学生进行作业评改，并把每个学生的作业情况输入测试软件中，以达到因材施教的目标。该模式不是建立在面对面直接交往的基础上，打破了传统的“就学”观念。它是以个别化学习为基础的、开放的、更能体现学习者主体性的教育形式。它克服了传统教育在时间和空间上的障碍，为那些不能或不愿利用面对面教学形式的学习者提供了学习机会。它减少了人们在时间、费用、信息缺乏、交通不便、程序复杂等方面的学习障碍，为人们提供了获得参与学习的机会。据一份报告表明，网上教育可以减少 40% 的时间和 30% 的费用，而多学 30% 的课程。

总之，根据图书馆馆员的具体情况，科学选择、综合使用各种教育模式是有效开展馆员继续教育的必要条件。然而目前，在国内图书馆馆员继续教育活动中，不同程度地存在着模式单一、盲目应用的情况。这是继续教育效果不理想的主要原因之一。继续教育应该达到提高认识、更新知识、增强业务能力、开发创造能力的目的。在当今的知识经济时代，全体馆员只有树立终身学习的理念，不断地进行知识更新，才能超越自我，跟上时代发展的步伐，才能提高图书馆的服务层次。

## 第四节　挖掘信息源

信息化社会的基本特征之一是知识量、信息量成指数增长，记录知识和信息的载体种类繁多、形式复杂、分布广泛，这些都给信息的获取、选择和利用带来了很大困难。信息资源是图书馆服务的基础，高校图书馆应充分利用现有资源、技术和网络条件，创新信息源，提高信息保障能力，满足用户不断增长的信息需求。

### 一、“信息源”概念的产生与发展

人们在生产经营、科研活动和其他一切活动中所产生的成果和各种原始记录，以及对这些成果和原始记录加工整理得到的成品都是信息的源泉，简称信息源。信息源内涵丰富，它不仅包括各种信息载体，也包括各种信息机构，不仅包括传统印刷型文献资料，也包括现代电子书刊。其发展经历了以下四个阶段。

#### （一）点信息源

当人类意识到信息的重要性，并主动或被动地接收信息时，信息源便应运而生了。它是以点信息等原始信息源为特征，例如，古代通过烽火传递军事情报便属于这一类型。早期信息源的概念比较模糊。随着社会的进步和人类社会实践活动的不断深入，信息的内容、范围也越来越广泛，交流信息的方式方法也越来越多样化，信息的作用也越来越大。

### （二）符号信息源

随着人类文明的进步，人们获取信息的范围和能力大大加强。自从 1946 年第一台计算机诞生，信息源发展的第一阶段便开始了。数据信息源也称数值信息源或数字信息源，文字信息源和字符信息源又统称为非数字信息源，数字和非数字信息源可以统称为符号信息源。随着微电子技术的发展和微型计算机的产生，各种信息源都以符号的形式在各种计算机系统中流动和相互传递，到达接收者手中并得到各种利用。

### （三）多媒体信息源

20 世纪 90 年代是多媒体信息传送时代，也是多媒体技术迅速发展的年代。此阶段不仅有数字、文字和字符信息源，还有声音、图像等。这些多媒体信息源的传送使人和计算机交互更加简便，关系更加密切了。人们对信息源的收集、加工处理、存取和利用更接近自然，更接近人的生活习惯和工作方式。人们利用多媒体信息传递技术，全面协调地实现了声、图、文一体化。

### （四）虚拟现实信息源

随着虚拟现实技术的兴起，人们利用虚拟现实技术创建了与真实世界相似的虚拟世界，如虚拟银行、虚拟医院、虚拟展览会和虚拟工厂等。虚拟现实创建了一个相当逼真的三维视听、触摸和感觉的虚拟空间环境，而且这种三维环境可以随需变换，交替更迭。用户或参加者可以通过虚拟现实技术进入该环境，并通过计算机与该环境交换虚拟现实信息，从而亲身感受三维逼真环境，在虚拟现实的三维环境内进行各种活动和操作。虚拟现实技术的发展和应用从根本上改变了人类的思维方式。

## 二、信息环境下图书馆信息源向多元化方向发展

### （一）信息资源载体的变化

传统的文献信息主要以印刷型文献为主，还包括声像磁带、缩微制品等，它们都是以实体的形态展示在读者面前。信息环境下，信息种类异常繁多，图书馆信息资源载体还包括网络、CD-ROM、磁盘等，纸质文献向数字化、信息化演变。随着网络信息资源的极大丰富，使得以纸质文献为馆藏主体的格局被打破，形成纸质文献与电子文献相并存的局面，并且数字化资源正以前所未有的速度充实馆藏，出现了实体馆藏资源与虚拟馆藏资源共有、有序资源与无序资源并存的趋势。信息环境下图书馆的信息资源不再只是传统意义上的文献概念，而是包括传统文献、电子出版物和网络信息在内的涵盖范围很广的文献信息资源。

### （二）信息来源的变化

传统的文献信息来源主要是通过购买、赠送或交换，以及由本馆人员开发的二、三次文献等。而网络环境下，信息来源不再局限于本馆的馆藏，它还包括网上免费资源和通过网络通信技术向外界“索取”的文献和信息。

### （三）馆藏结构的变化

从馆藏文献资料的地理分布看，不仅有本地馆藏文献信息资料，而且有异地信息资料。

### （四）读者信息需求的变化

传统图书馆的服务对象是有限的，一般面向比较固定的读者群。在网络环境下，不同年龄、不同行业和文化层次的人都可以通过计算机终端直接利用网络信息资源，信息用户成分的变化导致用户的信息需求发生了变化，呈现出社会化、多样化、网络化和集成化的特点。

## 三、拓展图书馆信息源

### （一）多途径获取印刷型文献信息

印刷型文献出版途径的增多和数量的剧增，读者文献信息需求的变化，要求图书馆全方位、多途径地获取文献信息，满足读者多样化的信息需求。

### （二）馆藏文献数字化

现代人的目的是足不出户便可了解和利用图书馆的各种信息资源。实现馆藏文献的电子化是网络环境下图书馆的一项最基本的工作，是图书馆现代化信息服务的重要内容和前提。实现馆藏文献的电子化包括开展对本馆现有馆藏进行科学分类编目、编制馆藏目录、索引等的二次文献检索工具等工作，并且将馆藏的传统文献包括印刷型文献、缩微型文献、磁介质文献进行数字化转换、编辑、压缩等技术处理，储存在网络服务器上，实现声像资料的网络视听阅览。在印刷型文献数字化的基础上，对图书馆物理馆藏和数字化馆藏按学科门类实施集成化组织与整合，逐步实现馆内资源跨类型、跨载体的信息检索与利用。

### （三）购买电子文献

信息资源是图书馆开展服务工作重要的物质基础。过去，馆藏文献主要是以印刷型文献为主，随着计算机技术的不断发展，磁盘、光盘、数据库等电子资源日益增多。电子资源以其易存储、检索利用快捷方便而受到广大读者的欢迎。收集电子资源已成为图书馆信息资源建设工作的一个重要内容。电子资源是未来图书馆信息资源的发展趋势，图书馆在优化纸质资源采购的基础上，应逐年增加对电子图书、数据库等电子资源的采购。从目前情况看，数字化资源还不能完全取代印刷型文献，两者将长期并存。

### （四）积极开发利用网络信息资源

互联网上有许多免费网络资源，形式多样，内容丰富，如部分工程技术文献、期刊、考试资料、电子图书等，有些可免费下载，但多数网络资源还处于一种无序状态。由于普通读者的图书情报专业知识和时间精力有限，对网上资源了解不全，高校图书馆可根据学校和社会发展需要，根据学校教学科研的信息需求，确定信息收集的范围与重点，发挥专业优势，综合运用专业搜索方法和 Google、百度、Yahoo 等搜索引擎，按专业类别、按用户群体或按用途等收集整理有关资料，分门别类地加以组织，提供给读者使用，作为对馆藏资源的补充，从整体上提高自身的信息保障能力。此外，还可以建立网络资源导航、友情链接或者镜像站点，将无序的网络资源组织起来，以主题树的形式指引用户查找，将读者方便快捷地引到特定的地址查找所需信息。信息资源的组织与整合，是促使多渠道、多载体信息资源有机结合，形成适用性、功能性更强的再生信息的关键。随着网络资源的进一步丰富，图书馆资源也将是对网络资源的补充。

### （五）馆藏资源特色化

特色是事物所表现的独特风格，是一事物区别于其他事物的显著特征。馆藏特色，是一个图书馆所具有的独特风格，是区别于其他图书馆的不同特点，它包含两方面的含义：一是指一个图书馆中独具特色的部分藏书，二是指图书馆总的藏书体系所具有的特点。高校图书馆应根据自身的类型、任务、读者需求、学科及专业建设特点，在信息资源建设方面形成自己的馆藏特色。高校图书馆要建立起有自己资源特色的信息网站和文献信息数据库，其形式有两种：一是建立高校图书馆的馆藏特色。根据学校教学科研需求和本地区经济与社会发展的信息需求以及本馆的文献资源、人力、经费等现实条件，优化藏书建设，做到“人无我有，人有我优，人有我特”。二是根据重点学科、文献资源特色等优势，建立专题数据库。如湘潭大学的毛泽东思想研究数据库、潇湘文化建设数据库、兰州大学开发的敦煌学数据库、华中科技大学的机器制造及自动化特色数据库等都是具有馆藏特色的数据库。

21 世纪高校图书馆的资源建设目标，不再是积累大量的文献，建设大书库，而是逐步实现资源数字化、特色化，建设全球化的数字图书馆，向特色化发展。在网络环境下，每个馆的资源都是由实际馆藏和虚拟资源两部分组成，且网上资源日趋丰富，图书馆可借助网上资源来提高自身的信息提供能力。馆藏量的多少，不再是衡量一个图书馆的唯一标准。只有结合本校、本地区的需求与特色，形成本馆的特色，才能实现健康、可持续发展。高校图书馆还应对本校师生撰写或编译的专著、教材、讲义及论文，与本校相关的文献，以及在本校召开的学术会议的文献进行收集、整理，经过长期积累后形成本馆的特色馆藏。

### （六）挖掘知识信息

信息时代，信息用户对信息服务的期望值及质量要求等都比以往大大提高。他们希望得到的不只是文献本身，还希望获得有深度的信息内容。图书馆服务工作不能仅停留在文献整理和收藏上，服务人员要注重挖掘知识信息，提高信息产品的含金量，搞好信息增值服务。重点进行信息资源的深层次开发和知识挖掘，如侧重于系统化的知识信息的整合加工，以专题性的知识信息单元和序列化的知识信息单元体系作为信息资源开发成果的主要呈现形式。编制二次情报资源和三次情报资源等智力型的信息产品，建立各类专题数据库、网络系统和科学的检索系统，动态性地综合报道各类信息资源。借助现代化的技术手段开发出高层次的信息产品，如专题调研报告等。这种带学科性质、专题性质的信息开发工作，既能发挥图书馆的人才优势，也可提高信息工作的层次及信息的质量和价值。

此外，对收集、整理的网络信息资源可进行深层次开发，根据用户的需要，将检索获得的各类信息分门别类，按照一定的主题进行过滤、分解与综合，编制成二次文献，形成满足特定用户需要的信息资源。还可利用软件实现与全球计算机的自动链接，对互联网服务器上的主页或文章等信息自动取回，并进行排序或索引，形成一个庞大的主页信息数据库，为用户提供所需信息。另外，还可采取在互联网上建立专业性的信息资源指引库的方法，帮助特定用户集中查找网络上的专业信息，这样可以大大节省用户的时间和成本。

### （七）加强馆际合作，实现资源共建共享

随着网络通信技术的发展，很多信息资源可以通过网络检索、获取。用户可以通过联机目录查询所需文献的线索，再由馆际互借获得原始文献或复印件。还可以通过网上文献传递、网络信息检索、网络咨询以及电子邮件、远程登录等形式实现信息资源的共享。网络环境下图书馆信息资源建设，要转变观念，树立全局意识，把自身信息资源建设放在全市、全省乃至全国信息资源共建共享的大环境中考虑。各图书馆在整合自身信息资源的基础上，应积极参与信息资源的整体化组织与建设，形成信息资源分布式存储和管理、集成化“一站式”信息检索和利用的格局，包括共建网上数据库、联机编目、联合采购大型数据库等。通过深层次合作和信息资源共建共享，各图书馆可获取更大的外延馆藏，大大降低信息资源建设成本，提高资源利用率。

在“信息爆炸”时代，传统的信息源已经不能满足现代读者的信息需求。读者更重视图书馆的信息提供能力和质量。图书馆的服务工作应围绕一切为了使读者最有效地获取他们所需的信息而进行。高校图书馆应全方位、多途径收集、整理、开发和利用印刷型、电子资源以及网络资源，形成本馆特色。同时，现代图书馆服务工作很大一部分需要现代化技术和设施的支撑。因此，加大计算机硬件、软件以及网络的建设和投入，加快图书馆自动化、网络化建设的进程，是图书馆拓展信息源的前提和保障。

# 第五节　拓展服务手段

随着现代技术的迅猛发展，全球网络化浪潮的兴起，一个以计算机技术、网络通信技术、光纤技术、数字卫星技术为主要信息传输载体的新的信息环境已经在我国形成。“信息高速公路”的建设和计算机网络的普遍应用，促使图书馆迈进了网络化的发展阶段。网络环境使传统图书馆的信息资源空间和服务空间得到拓展，并使传统的工作方式和业务流程发生了深刻变化。图书馆现代化建设是时代的要求，是社会发展的必然。图书馆通过不断拓展服务手段，使现代化图书馆功能得到更充分的发挥。

## 一、信息资源数字化

传统图书馆提供的信息资源包括印刷型书刊资料、缩微资料、视听资料等，都是静态、实体型的。随着电子信息资源的蓬勃发展，图书馆的馆藏载体、馆藏构成发生了深刻的变化。图书馆的资源由单一的印刷型向声像型、电子型等多媒体并存方向发展。

利用现代信息技术的微电子技术研制而成的电子出版物，如软盘、光盘，以其体积小、存储容量大、易携带、检索便捷等优点，改变了我国图书馆现有馆藏结构，完善了我国图书馆现有文献信息资源体系。利用扫描、复制技术，很多图书馆还将本馆印刷型资源数字化后提供给读者利用、保存。

数据库技术的发展，使日益增长的无序化信息资源，按照一定的数据结构规范化、标准化地分类储存在微机上或磁盘、光盘中，使信息资源能够通过数据库得到更加科学、有效的管理，能及时准确地提供给读者查询、检索、阅读和使用。目前，数据库向多元化、多媒体化、服务界面智能化发展。而网络数据库，由于在信息资源服务技术方面较联机数据库和光盘数据库更具优势，因此，在未来图书馆业务发展中将呈现更强大的功能。

以网络为依托的图书馆，不再是封闭的馆藏体系，网络上可供利用的电子信息资源以及可以联机检索的其他馆的馆藏电子信息资源，以其分散性、丰富性、共享性构成了图书馆的虚拟馆藏，成为传统图书馆物理馆藏的一种强有力的补充，使图书馆可利用的信息资源得以极大丰富。网络环境下，衡量一个图书馆的规模标准，不再以馆藏数量、馆舍大小为主，而是侧重于文献信息的拥有范围和提供能力。图书馆的工作重点向收集（或组织）、处理、存储和提供利用各方面信息资源转移。通过网上电子信息资源的存取和本馆电子出版物及馆藏资源的利用，图书馆更加便捷地为读者提供内容丰富、形式多样的服务活动。目前，我国许多图书馆均已建成各种多媒体阅览室或电子阅览室，使传统的服务手段，向着现代化电子文献服务手段转变。一些多媒体电子阅览室在加强自身业务建设的同时，使新形式的、多样化的、可为读者文献信息需求提供电子化服务的技术措施得以有效推广。多媒体文献信息检索，在改变我国图书馆多年来传统性文献检索服务技术和手段，改变信息资源传输技术与模式，提高文献信息资源利用率和利用质量方面，产生着日益强大的功效。伴随着多媒体阅览室、电子阅览室的创建而提上图书馆现代化建设议事日程的图书馆多媒体数据库检索方式的构建，将成为图书馆业务新拓展的目标，这必将使图书馆文献信息资源现代化建设产生一个大的飞跃。图书馆将走上一条印刷型资源与数字化资源共存互补、协同增长的现代化发展新途径。

## 二、信息资源管理自动化

### （一）图书馆设备现代化

提供先进的、人性化的各种设备。这些设备包括计算机网络终端，各种数据库、复制文字和光盘的机器设备，也包括常规的阅览设备和节约设备，同时还有休闲和娱乐设施。

### （二）信息组织、管理集成化

现代化的设备和网络通信技术的广泛应用使图书馆资源组织与管理自动化成为可能，并从联机编目、联机检索向大型图书馆自动化集成管理系统发展。图书馆自动化集成管理系统的普遍应用，不仅改进了图书馆的基本业务及技术手段，增强了我国图书馆各项业务工作的运行机制和运行功能，推进了图书馆信息管理和读者借阅服务的现代化进程，还使图书馆在推动社会经济发展，增进文化教育和传播科学知识等方面的功能和作用得到更加充分的发挥。

### （三）主页设计人性化

目前，绝大多数高校图书馆都建有自己的网络主页，内容包括本馆概况、馆藏分布、开放时间、借阅规则、网上咨询、规章制度、电子资源、书目检索、学科导航、网络导航以及其他服务介绍。各馆主页设计都充分考虑读者需求和利用方便，设计合理、周到，界面友好。图书馆内通常配备大量在线目录查询机，另外还配有数十台计算机供用户自己查询网络数据库、光盘和电子期刊等，为用户提供了极大的便利。读者利用图书馆主页上的查询系统，在不同地方，从不同途径查询馆藏目录，进行网上图书预约、续借和下载所需资料，并查询个人借阅情况等。通过建立电子资源浏览系统，读者可以在图书馆设定的多媒体阅览室或利用个人终端检索光盘数据库及网络浏览，包括本馆经数字转化后的馆藏资源和电子出版物，也可以通过图书馆主页链接而获取的国内外书目、索引、文摘类文献和各种在网上订购或免费查询的资料库、电子期刊、电子报纸以及多媒体电子出版物等。服务对象不需要直接来馆，也不受开馆时间限制，可以通过计算机终端上网随时查询到所需要的资料。

传统图书馆大多都有自己特定的服务对象和相对稳定的读者群，图书馆的读者服务活动主要围绕“本馆”读者进行。电子计算机技术、现代通信技术和网络技术的应用将逐步突破图书馆之间的严格界限，未来图书馆是一种以电子计算机和通信网络联合起来的图书馆的集合，在这种网络化的文献信息交流系统中，每一个图书馆都是地区、全国乃至全世界信息网络的一个节点，每一个加入网络的单位和个人都可以利用网络系统内任何一个图书馆的文献信息。对某一个图书馆来说，其所在网络系统内任何一个使用本馆文献信息资源的人都是自己的读者。因此，图书馆的读者群不再受开馆时间、地域范围的限制，数量、范围、群体变化都向开放式延伸，较之于传统图书馆，现代图书馆将承担更多的社会责任，发挥更大的社会服务功能。

在网络环境下，图书馆利用网络和现代化服务手段，加强了馆际间、区域间联系，建立了全方位、多元化的信息服务体系。使不同类型的图书馆在不同地区，甚至于在不同国别，通过四通八达的信息网络将不同读者与所需的信息资源连接起来。

## 三、服务方式现代化

传统图书馆的读者服务主要在两个层面进行：一是外借阅览服务，用于满足读者对印刷型书刊资料的一般性借阅需求。二是参考咨询服务，包括咨询解答和书目参考，主要通过手工操作方式指导读者利用图书馆，帮助读者检索、利用印刷型文献资料。随着高新技术的发展，特别是计算机技术、数字化技术、网络通信技术和多媒体等技术在图书馆领域的广泛应用，使传统图书馆的业务流程、服务手段发生了巨大变化。

### （一）借阅手段从传统手工操作向计算机应用方向发展

传统图书馆读者服务的绝大部分工作属于手工操作，借借还还，取书归架等。随着图书馆自动化集成管理系统的普遍应用，借还、阅览都实现了计算机管理。通过图书馆的自动化集成管理系统，读者可以查询馆藏目录、个人借阅情况，进行网上荐购、网上预约、网上续借等。图书馆通过自动化集成管理系统对读者的信息需求、利用馆藏情况进行统计、分析。随着资源共建共享的实现，读者通过联机检索查询到其他馆的馆藏资源，可以通过馆际互借、文献传递等方式远程获取。

### （二）参考咨询网络化

随着网络通信技术的发展，图书馆在传统面对面参考咨询的基础上，网上参考咨询得到迅速发展。图书馆通过电子表单、电子邮件咨询、实时咨询等方式向读者提供高质量的、专业的、快速的参考咨询服务。

# 第三章　大数据与高校图书馆思维变革

## 第一节　大数据引发高校图书馆思考

高校图书馆海量数据。高校图书馆本身拥有很多纸本资源，随着信息化建设的发展，大量的数字资源，如电子图书、期刊、数据、网络资源涌入高校图书馆。智能手机、平板电脑等移动终端的普及使读者不受时空限制即可获取知识，随之而来的是高校图书馆的移动客户端、WAP（Wireless Application Protocol）网站、数字图书馆等如雨后春笋般涌现，使用户的数据量爆发式增长。面对如此海量的数据，高校图书馆应主要分析、挖掘用户的借阅记录、查询日志、社交活动、移动终端使用记录等各类半结构化数据，因为这些数据中包含了很多隐性价值，对改善服务方案、提高服务效率、开展个性化服务有很大帮助。

高校图书馆读者流失。随着各种新信息技术的不断发展，网上数据库、网上书城以及公开免费的网上图书资源充斥着互联网，给传统的高校图书馆带来了压力，读者流失日益严重，而大数据为高校图书馆解决这一问题提供了新的思路。高校图书馆可以借助大数据技术对读者需求数据（包括借阅记录、咨询记录、荐购记录等）进行分析，不仅可以了解读者的信息行为、需求意愿及知识运用能力，还可以深度挖掘读者在交互型知识服务过程中的潜在需求，从而有针对性地开展服务并吸引读者，以应对生存危机，同时利用读者不断增长的信息需求促使高校图书馆的拓展服务持续延伸、完善高校图书馆大数据应用。

高校图书馆的核心价值就是为学生、教师服务，教师的科研成果、学生的论文成果在某种程度上代表着高校的教学、科研水平。图书馆只有了解师生的需求，掌握其阅读习惯，才能量体裁衣提供优质服务，进而提升整个学校的科研水平。高校图书馆要充分利用大数据技术和大数据思维，发现潜在价值信息，为师生提供高效、智慧的服务，这是未来高校图书馆发展必须做到的。

首先，高校图书馆应用大数据具有现实可行性。教师、学生在使用图书馆时会留下使用痕迹、用户行为日志等这就形成了很多有价值的数据。

其次，高校作为科研重地，对新技术、新思想的敏感性很强，在高校图书馆中使用大数据技术并不是什么难题。此外，大数据技术不是一项具体的技术，而是数据采集、数据存取、数据处理、数据挖掘等技术的整合，这些技术相对来说已经很成熟。高校图书馆面对新技术、新思维的冲击，要抓住发展契机，转变服务模式，实现可持续发展。

高校图书馆隐私保护。大数据是一把“双刃剑”，它涉及隐私问题，包括用户姓名、邮箱、电话号码等，具有关联性和累计性，一旦信息泄露、滥用，将对用户造成极大危害。高校图书馆存在着大量的读者数据，如用户查询记录、用户借阅数据及手机客户端访问日志等。图书馆为了改善服务方式，提供优质服务，需要对这些数据进行分析，通过数据挖掘、知识发现等技术，了解用户阅读行为。另外，这些数据除了用于记录读者的个人信息外，还隐藏着许多重要信息，如电话号码、邮箱、行为记录、社交网络信息等。高校图书馆应高度重视读者隐私，树立高尚的职业操守，在正当、合法的范围内使用读者数据。

## 一、高校图书馆拥有的大数据

高校图书馆大数据的来源也呈多样化特征，除了传统的电子图书、期刊、论文数据库等结构化数据资源外，还包括以下大量的非结构化信息资源。

### （一）智能设备数据

如RFID（Radio Frequency Identification）数据信息，装有RFID图书的信息，可以自动实现资源的跟踪和分析；如门禁系统，保留有大量读者的进馆出馆信息，可以帮助我们根据读者的来馆时间，做好相应的人员配备，提供更好的服务。

### （二）物联网数据

可以通过在图书馆不同位置或环境中放置传感器，来对所处的环境和资源进行数据采集，通过长时间积累，可以产生巨大的数据量，有助于我们分析图书馆的使用情况，优化资源配置。

### （三）互联网数据

随着社交网站的普及应用，这部分数据的产生速度超过以往任何一个传播媒介，由于参与用户众多，且数据中包含用户丰富的情感特征，是图书馆服务的一大评价指标来源。另外，如 OPAC 读者的检索记录、数据库读者的访问记录等一些用户行为数据，也包含着读者丰富的信息，是图书馆大数据的重要组成部分。

### （四）科研共享数据

高校图书馆作为一个科研服务中心，需要构建科研数据共享平台。科研数据是指数字形式的研究数据，包括在研究过程中产生的能存储在计算机上的任何数据，也包括能转换成数字形式的非数字形式数据，如调研结果、神经图像、实验数据、传感器读取的数据、遥感勘测数据、来自测试模型的仿真数据等。科研数据是研究过程中重要的研究成果，包含着巨大的研究价值。长期以来，高校虽然有丰富的科研数据，但是往往局限于本课题组、本单位使用，没有经过有效的整理和建库共享，造成了科技资源的极大浪费。因此，科研共享数据是图书馆需要重点收集的一个大数据来源。

### （五）移动互联数据

随着高校移动图书馆的普及，图书馆可以利用移动互联技术，获取大量读者访问数据，从而分析读者的使用习惯、阅读倾向等，进而帮助我们开展有效的分析、预测其知识服务需求。

## 二、高校图书馆具有大数据特征

随着图书信息资源的不断发展，读者对于图书馆的要求也越来越高，在大数据时代，图书馆开始具有大数据特征。

第一，图书馆的数据资源既有一些基本的文献资源、光盘数据资源、网络资源等，也有一部分读者信息和提供服务的信息，还有图书馆自身发展的数据信息，这些数据在编码和格式上在内部都无法达成统一，形成了大量的异构数据。

第二，图书馆的数据资源每天都在增长，全国图书馆数字资源总量是一个庞大的数据集。图书馆必须根据用户的服务信息等数据做出相应的服务策略转变，对大量数据的分析与潜在价值挖掘显得不可避免。

第三，图书馆一些新兴服务方式的出现，比如，24 小时服务、其他网络服务等，增加了用户的数据信息，要对这些数据进行挖掘和整理需要一些限定的条件和环境。虽然图书馆已经进入了一个发展比较迅速的阶段，数据库的记载与统计也达到了新的水平，但是这些数据还需要进行异构处理，找出新型服务方式。

## 三、大数据带给高校图书馆的价值

大数据的价值在于可以通过人工智能、计算机科学、数学统计、信息技术等多个交叉学科的大数据技术的应用来挖掘找到隐藏在大数据背后的世界。目前高校图书馆利用大数据的价值主要包括以下四个方面。

### （一）为资源采购提供决策支持

通过读者使用资源的交互数据，如图书浏览、借还记录、数据库访问、下载记录等，可以有效地评估读者对各种资源的使用情况，通过较集中的访问历史可以预测读者关注的热点，从而为资源采购部门提供决策支持，对需求大的未购买资源增加订购，而使用率不高的资源可以减少或取消订购，从而让有限的资金购买更适合读者需要的资源。

### （二）为读者提供个性化服务

高校图书馆里包含有大量读者个人使用图书馆的记录，通过读者的咨询记录、借阅记录、数据库访问记录、检索记录、下载记录等用户使用图书馆资源的所有足迹，同时可以结合读者的专业，及其教务部门提供的个人选课信息、成绩情况等，可以分析读者的兴趣点、服务诉求、学科需求。从而把适合的资源向其主动推送，为读者提供个性化服务，实现图书馆由被动获取转为主动服务的职能转变。通过不断地主动为用户进行探测性的推荐服务，持续性地获取用户的反馈信息，从而对其服务需求进行修正，提高个性化服务的可靠度和精准度。

### （三）为学科提供研究方向及热点变化

图书馆可以利用大数据对学科进行聚类分析、热点预测、网络分析、可视化分析、引文分析、知识关联分析等技术构建学科的知识图谱，从宏观上分析相关学科领域的研究方向和热点，为科研人员特别是新进入研究领域的学者，以及面临选题困难的硕士生、博士生大幅度地提高研究、学习和创新的效率，让他们可以节约文献调研的时间，迅速地洞察学科领域的研究进展，确定自己的研究方向。

### （四）为科研人员提供学术共享环境

高校科研人员在长期的科研活动中，通过观测、探测、试验、调查等科学手段积累了大量的科学数据，这是高校宝贵的数据财富。图书馆有义务采集这方面的数据，同时利用科研人员相同或类似的资源需求，为相同学科或研究方向的科研人员构建虚拟社区，形成学术交流圈，共享科研数据，创造良好的学术共享环境。

## 四、大数据时代高校图书馆定位

大数据的应用将为图书馆大规模数据处理、数据分析、资源整合、开展个性化服务、提升服务能力和服务水平提供新的思路和方案。我国图书界学者已从不同的视角对大数据与图书馆的相关问题（如机遇、影响等）进行了研究，这对于推动大数据在图书馆的应用、提升图书馆的服务品质有着较大的理论价值和现实意义，同时我们还要关注大数据视角下的图书馆定位及新动向。

### （一）图书馆的业务与服务重点应向上游转移

不管是在传统图书馆还是数字图书馆，从资源的利用流向来看，图书馆的业务与服务重点均在下游，即资源的组织、利用与保存。然而在大数据时代，图书馆用户服务并不仅仅依靠结构化数据，如书目资源库、机构知识库、语义化信息等，还可能依靠大量的非结构化数据和半结构化数据，如用户的信息查询行为、阅读习惯等，通过数据挖掘、数据分析等方法为用户提供有针对性的个性化服务。因此，数据的收集、存储、分析、处理将成为图书馆的主要业务，即通过大数据的某些关键技术将海量的复杂数据进行协同处理，再通过数据挖掘、可视化分析等形成具有情报价值和决策参考价值的服务信息提供给用户，以便用户通过图书馆获得准确、及时、有效的信息知识，实现业务与服务的上游转移。

### （二）图书馆应成为公共数据存储、处理、分析与服务中心

图书馆特别是公共图书馆作为现代社会公共文化服务的重要组成部分，在文献传递、社会教育、娱乐休闲等方面起着举足轻重的作用，加强信息技术的应用，延伸图书馆服务是近年来我国图书馆界的主要建设目标。但随着全社会进入了一个以密集型数据的相关分析、处理来推动社会创新发展的大数据时代，同时图书馆服务拓展到了大数据分析、处理领域，图书馆的定位将不只是社会

文化服务机构，而是要集社会公共数据存储机构、公共数据分析机构、公共数据处理机构、公共数据服务机构于一身，担负起时代赋予图书馆的更加重要、更加凸显社会存在价值的使命。

### （三）图书馆应是一个完整的网络体系

大数据技术对于图书馆的价值所在即是其在用户服务中的应用，目前讨论最多的是数据分析、数据处理和数据服务，而这些技术的实现则需要充足、大量的数据支持，应既包括用户在图书馆的信息行为数据，也包括在社会场所的数据；既包括在一所图书馆的借阅行为、人际社交等数据，也包括在其他信息机构的此类数据。因此，在大数据时代，图书馆应借助于可能产生对象用户数据的多个图书馆的数据支持，甚至需要借助包括商业中心、社会服务中心、娱乐中心和工作空间等在内的信息中心的数据支撑，只有图书馆间形成协调工作的有机网络体系，才能真正实现数据的共知共享，最大限度地满足用户需求。

# 第二节　大数据对高校图书馆的影响

## 一、大数据时代高校图书馆面临的挑战

随着现阶段信息技术的发展状况及信息资源的利用需求，如何正视大数据给当前图书馆各个方面带来的冲击及挑战，也是理解什么是“大数据”，所必须掌握的内容。

### （一）数据量增长所带来的存储能力及计算能力的挑战

在飞速发展的数字信息环境中，数据成本下降促使数据量急剧增长，新的数据源和数据采集技术的出现使数据类型增多，各种非结构化的数据又增加了大数据的复杂性。但从大数据应用中却可以发现具有极强挑战性的科学问题及社会问题，而这有助于推动以大数据为基础的科学研究第四范式，促进图书馆形成新型知识服务范式，而现有数据中心技术难以满足大数据的应用及知识服务需求，整个知识服务架构的革命性完善势在必行。首先，存储能力的增长远远落后于数据量的增长，设计最合理的分层、分级存储架构已成为信息资源管理及知识服务体系的关键。其次，移动互联网技术的完善，使得数据移动较之以往更为频繁，这就促使知识管理从传统的数据围绕着计算能力转，转变为计

算能力围绕着数据转。最后，高通量计算机、高可靠性、高可扩展性、高可用性的规模、语义、统计及预测性等数据分析技术、新的数据表示方法等都是亟待解决的技术问题。

### （二）由传统常规分析向广度、深度分析所带来的挑战

数据分析成为图书馆知识服务体系创新与完善必不可少的支撑点。图书馆不仅需要通过数据了解现在知识服务过程发生了什么，更需要利用数据对科研创新合作过程及合作交互型知识服务过程将要发生什么进行分析和预测，以便应对图书馆未来所面对的生存危机，在行动上做出一些主动准备。值得补充的是，这些分析操作除了包括数据关联关系分析、时间序列分析、大规模图数据分析、社会网络分析及移动平均线分析等广度及深度分析，还包括常规分析。

### （三）基础设施挑战

数据量及非结构化数据的迅速增加，使存储及计算规模随之增大，导致其成本急剧上升，出于成本的考虑，越来越多的知识服务机构将应用由高端服务器转向中低端硬件构成的大规模计算机集群，从而对支持非结构化数据存储及分析的基础设施提出了更高要求。第一，需要将存储、计算需求分布到为大规模分布式数据密集型应用而设计的基础设施中。第二，需要拥有经济高效的存储与计算能力，足以获取、存储和分析 TB（Tera byte）、PB（Power Builder）级别的数据，并拥有足够的智能分析能力来减少数据足迹（如大数据压缩、自动数据分层及重复数据删除等）。第三，需要拥有可快速将分块的大数据集复制到集群服务器节点进行处理的网络基础设施。第四，需要拥有保护高度分布式基础设施和数据的可信应用体系的软硬件基础设施。第五，作为人力及智力基础设施，技能熟练的图书馆馆员也是图书馆大数据研究及处理最值得期待的挑战之一。

## 二、大数据时代高校图书馆面临的问题

2011 年美国麦肯锡全球研究所（McKinsey Global Institute）发布了 *Big Data*：*The Next Frontier for Innovation .Competition and Productivity* 的调查报告，指出尽管全球数据飞速增长，但有将近 87.5% 的数据未得到真正利用，许多数据资源并没有形成真正的知识源以供研究人员利用。图书馆历来是信息技术应用的重镇，“大数据”时代亦不例外。哈佛大学已经将“大数据”的服务

引入到图书馆中，并付诸应用。这是一种最具颠覆性及创造性的引进，它使我们看到，在关注每一个具体的图书馆的结构化信息资源需求的同时可使非结构化数据分析变得可行和经济高效，从而实现知识横向扩展以满足急剧扩张的知识服务需求。作为一个新的尚未开发的信息源，非结构化数据分析可揭露之前很难或无法确定的重要相互关系。而作为图书情报领域一项技术推动的战略，旨在获得更加丰富、深入和更加准确的用户、知识运营者以及知识服务洞察，并最终提高图书馆的核心竞争力。与以往相比，大数据应用可更加快速地做出时间敏感的决策、监控最新知识服务趋势、快速调整方向并抓住新的知识服务机遇。正如数字图书馆、Librm72.0、云计算技术出现之初，图书情报界所出现很多质疑声音一样，图书情报领域研究大数据的尝试也不可避免地遇到质疑。为了推动图书情报领域里的大数据技术与提升知识服务能力、降低知识服务成本，有必要对大数据时代，图书馆所面临的问题及机遇进行一些讨论。其中，在思想观念上，有三个问题值得所有图书情报界人员深入反思和探讨。

第一，相较于图书馆所拥有的不断增长的数据量而言，图书馆能够分析的数据比例在不断降低，如何充分把握大数据所带来的技术优势与数据分析方法，有效提高图书馆能够分析的数据比例，加强知识服务的智能辅助决策能力。

第二，从图书情报领域数据分析和应用的现状而言，现在的图书馆及其人员在面对一些“可能是机会的数据”时，并没有清醒的认识，缺乏将数据转换成知识的思想意识及非结构化数据持久化处理及深度分析的技术及解决方案。

第三，最终的问题应该回到图书馆与其工作人员如何认识、管理和分析其所拥有的各种结构化、半结构化和非结构化数据，如何建立软硬件一体化集成的大数据综合解决方案、数据及知识获取、存储、组织、分析和决策的大数据解决方案。另外，由于对图书馆及其人员而言，大数据技术仍然是一种全新的且未被市场验证和核实的新兴技术，任何一个准备实施大数据计划的图书馆，从技术上都必然会被问道。

1. 哪些数据应该属于大数据的范畴，应该被分析及预测?

2. 待分析的数量巨大的非结构化的静态和动态数据是否真的具有所需要的价值？人力、物力、财力及发展张力的投入回报方面是否符合本机构的发展规划?

3. 非结构化数据缺乏固定结构，受数据来源、类型、时间及空间等因素的影响，非结构化数据呈现不同特征及表现方式，也需要采用不同的数据获取、存储、组织、分析及决策技术，如何依据本机构自身的数据特性，选择合适的、有针对性的大数据技术也应当成为需要深入探索的话题。

4. 很多数据的可用周期很短，且属于不同领域、不同时域或不同地域，怎样将其进行有效的整合、集成及分析？

5. 什么时候以及如何在已有的数据获取、存储、组织、分析和决策流程中加入大数据的支持？

6. 大数据解决方案与传统的信息资源管理、信息服务方式、知识创新模式、数据存储和分析技术之间的区别及关系是什么？

7. 哪种场景更适合大数据解决方案？

8. 大数据解决方案是进一步完善还是完全取代传统信息资源管理、信息服务方式及信息处理技术。

以上都是图书馆在探索和实施大数据解决方案的过程中，无法回避的问题。

## 三、大数据在高校图书馆的应用

图书馆对大数据而言，通常有三种角色：大数据的使用者或受益者、大数据的提供者或开发者及大数据的运营者或维护者。在前述的情景描述中，可以了解到，当前几乎所有大数据技术及产生的相关服务都可以在图书情报领域得到应用，特别是能够给我们带来如下新型知识服务帮助。

### （一）可以帮助图书馆建立各类知识服务及业务建设的风险模型

即图书馆的各类风险评估模型，例如，数字图书馆信息安全风险评估模型、信息资源采购及应用评估风险模型、图书出版的收益与风险模型、知识产权风险评估模型等，都可以通过大数据分析、预测及智能辅助决策技术建立具有自身机构特色的、科学的及实用的风险模型。

### （二）图书馆用户流失分析及价值分析

联机计算机图书馆中心（OCLC）2010 年发布的 *Research Libraries*，*Risks*，*and Systemic Change* 研究报告指出，价值质疑、技术障碍、人员队伍无法适应未来挑战等重大问题已经严重困扰着图书馆，高校教职工已经逐步弱化了图书馆存在的价值，用户流失异常严重，大数据技术不仅可以通过数据了解用户、行为、意愿、业务需求、知识应用能力及知识服务需求等需要什么，更可以利用数据对用户的科研创新合作过程及合作交互型知识服务过程将要发生什么进行分析和预测，从而应对图书馆未来所面对的生存危机。

### （三）可以帮助图书馆建立新型知识服务引擎

技术引擎是图书馆信息服务的技术核心，如何利用大数据技术构建图书馆的新型知识服务引擎，将会是未来几年内图书情报领域信息技术研究的主要内容。新型知识服务引擎包括资源及学术搜索引擎、资源及服务推荐引擎、知识服务社区实体（包括用户及资源）行为智能分析引擎、用户知识需求预测引擎及多维度信息资源获取、组织、分析及决策引擎等。例如，美国 Hiptype 公司将大数据分析技术来分析电子书读者阅读习惯和喜好，这也是国内外图书情报领域首例利用大数据技术构建知识服务社区实体（包括用户及资源）行为智能分析引擎。

### （四）通过分析资源预测故障

可以通过分析资源（包括软硬件资源、网络资源、信息资源、服务资源及知识资源等）的状况来预测可能的故障，或对于资源突然的波动可以帮助图书馆制定应对策略？例如，网络攻击、风暴、垃圾资源过滤、软硬件资源故障、信息服务需求障碍及知识资源波动等。

### （五）可以帮助建立更加灵活的、智能的网络化信息资源智能组合方式

图书馆可以灵活、方便地从已有结构化及非结构化数据资源中抓取有用的知识、关系、模式、症状用于新的知识服务方式。

### （六）数据传感器进行智能分析和智能辅助决策

如前所述，传感器数据也是未来大数据的主要来源之一，对图书馆自然环境、人文环境及技术环境数据多维度大数据的智能分析及智能辅助决策，进而实现机构管理、发展及服务的预测、优化和监管。

## 四、图书馆界有关大数据主要研究热点

随着数据量的飞速增长，对大数据进行获取、存储、组织、分析和决策的基本策略是把大数据的计算推向数据，而不是移动数据。因为在大数据处理过程中数据移动代价过高，在分布式环境中，传统的数据处理方法在不高于 TB

级别数据处理时可以接受，但面对大数据，其执行时间和执行成本至少会增长几个数量级，特别是对大量实时数据分析，这种移动数据的计算模式是不可取的。

一般情况下，大数据管理全生命周期过程包括大数据获取、存储、组织、分析和决策五个阶段，围绕大数据管理生态系统的研究，可以围绕结构化数据管理及非结构化数据管理两方面进行研究。围绕结构化数据管理，即传统的关系数据库管理系统，衍生出传统的大数据获取、存储、组织、分析和决策生态系统。而关系数据库作为大数据管理的核心数据引擎，各类结构化数据通过 ETI 工具按照其结构特征进行组织，存储到关系数据库中，再在客户端通过 SQL 语言进行例行性的数据分析，进而根据数据分析结构进行技术性决策分析。目前，处理结构化大数据的关系数据库管理技术已经非常成熟，如商业型 Oracle.SqlServer、开源型 MySql 等，均具备了强大的结构化数据管理功能，并且均拥有较为强大的数据仓库功能，对应的数据挖掘技术也已经充分满足一般的结构化数据分析、决策需求。但针对复杂的结构化和非结构化大数据处理需求，Sql 语言表达能力就暴露出了一定局限性，在某些特殊大数据处理过程中，需要把数据从数据库中读取出来，导致大量数据的移动，将数据导入前端分析工具如 SPSS（Statistical Product and Service Solutions）、SAS（Statistical Analysis System）等，借助于统计分析软件进行大数据深度分析和决策，这样产生的致命性问题就是大数据移动会造成性能急剧下降。因此，SPSS、SAS 等数据分析企业正在致力于把计算过程封装在数据库系统中执行，但目前进展有限，并且大数据分析函数的分布化、并行化，数据处理系统的扩展性、灵活性、智能性等仍然是难以解决的问题。

随着 Hadoop 开源框架及其相关技术的迅速兴起和逐步完善，使其成为打开大数据之门的金钥匙，也成为解决传统的大数据处理方式所面临的两大难题的关键，从而推动大数据管理的新生态系统的出现。从技术上看，Hadoop 两项关键服务：采用 Hadoop 分布式文件系统的可靠大数据存储服务及基于 MapReduce 编程模型的高性能并行大数据处理服务，能够提供对结构化和复杂数据、非结构数据的快速、可靠分析变为现实，并可与以往的信息管理系统部署在一起，从而能够以有利新方式组装新旧数据集合，让图书馆可以根据自有信息和问题定制知识服务组合方式，更容易地分析和研究复杂数据。同时作为一个自愈系统，在出现系统变化或故障时，它仍可以运行大规模的高性能处理任务，并提供数据。其他诸如Clmkwa、HBase、Hive、Pig、Zoo-Keeper等大数据处理添加件、交叉集成件和定制实现，均能为新生态系统提供强大的技术支持。

尽管如此，当前各个方面的相关研究都不能完美地解决大数据核心问题，仍然有许多极具挑战性的工作等待着我们去研究。

### （一）关系数据库和MapReduce技术有机融合的研究

如前所述，MapReduce与关系数据库各有优缺点，如何依据不同的大数据处理业务需求，设计同时具备两种技术优势的技术架构（有关系数据库的通用性、易操作性和MapReduce的可扩展性、开放性、灵活性、容错性和智能性），在对关系数据库更深层次了解的基础上，深入分析MapReduce编程模型内在的局限性和并行计算模型，如何有机融合关系数据库技术和MapReduce技术，使之能够有效地支持迭代式并行计算模型的执行，这也是大数据处理技术的核心问题之一。

### （二）对结构化数据和非结构化数据更加复杂的或更大规模的分析

MapReduce计算模型在很大程度上，能够弥补关系数据库在这两方面的缺憾，而在云计算环境中可以初步实现更加复杂和更大规模的大数据处理。比如，大规模社会计算、大规模社交网络、时间序列分析、大规模图数据分析及更细粒度的仿真等，这一类技术仍然不够成熟，需要花费更多的时间、精力去探讨。

### （三）大数据获取、存储、组织、分析和决策操作的可视化接口

如何较好地实现大数据处理的各个阶段的可视化、智能化及个性化的展示和操作，尤其是多维数据操作及决策结果评估的可视化的智能展示。

### （四）大数据管理系统的可靠性研究

当前大数据管理体系是基于大规模廉价计算机集群的云计算环境，采用的是主从结构，由此决定了主节点一旦失效，势必会造成整个大数据管理系统失效的局面。因此，如何在不影响全局的情况下，提高大数据管理系统的主节点的可靠性，将是未来需要解决的关键问题之一。

### （五）大数据的网络传输和压缩问题

MapReduce编程模型的计算特征决定了其性能取决于I/O和网络传输质量和计算代价。而数据压缩技术不仅可节省存储空间、节省I/O及网络传送代价，还可利用云计算环境中存储能力和并行计算能力，大幅提升大数据管理系

统的性能。何永强和艾芙丽莉亚·弗洛（Avrilia Flo-ratou）所带领的两个团队均成功地利用数据压缩技术提升了大数据管理系统的性能，但这些研究都是基于他们各自的大数据处理模型，而非默认的 Hadoop 数据处理模型。因此，基于 MapReduce 编程模型的通用型大数据压缩技术也是尚待研究的核心技术之一。

大数据伴随着云计算、移动互联网、物联网等信息技术的成熟而迅速发展，并且越来越受到业界和学术界的关注。相较于过去几十年数字图书馆的研究与发展，大数据技术在未来几年给云图书馆将会带来革命性、持续性和创造性的变化，会对我们所熟知的知识服务能力和知识服务机制产生重大的颠覆和创新，也对现有的技术和方法提出更高的要求，而这一切可能会超出我们正常期待的范围。在未来几年，在大数据获取、存储、组织、分析和决策过程中，对应的体系架构、计算模型、数据模型、智能辅助决策模型、性能优化模型及知识服务模型等基础理论方面，将会出现更多的研究成果。

毫无疑问，大数据技术是图书情报领域无法逃避的未来技术发展形态，也为图书馆实现知识服务模式的转变、知识管理模式的突破、合作交互型知识创新模式的完善、知识服务流程的动态监测等业务需求提供了新的思路和解决方案。目前，尽管大数据技术的研究还处于起步阶段，依然还面临着许多问题和争议，但是随着市场的发展和信息技术的不断成熟，围绕大数据的问题将逐渐得到解决，这些争议也将会有更加清晰的结果。可以说，大数据技术是云图书馆在未来一段时间内的亟待完善和解决的关键问题之一，该领域的相关问题也会成为图书情报领域研究的重点内容之一。大数据技术的发展、成熟与应用也需要图书情报界和业界人士的共同努力。

## 第三节 大数据推进高校图书馆应用的进程

### 一、国外大数据推进图书馆应用的实践

国外图书馆推进大数据的实践主要有以下几种：一是建立知识服务社区实体行为智能分析引擎。如美国 HPP 公司将大数据用来分析电子图书读者阅读习惯和爱好，构建知识服务社区实体行为智能分析引擎，从而有针对性地开展服务，取得了较好的效果。这是国外首例将大数据技术应用于图书馆实践的尝

试。二是开放馆藏资源。如哈佛大学图书馆将大数据的服务引入图书馆实践，向读者公布包含书目数据、地图、手稿、音视频等在内 73 家图书馆提供的 1200 多万种资料，并在美国数字公共图书馆中提供下载服务。三是积极开展大数据项目的研究。如美国 Library Journal 举办“Future of the AcademicLibrary Symposium：E-Texts Big Data，and Access”学术研讨会。四是争取专项经费改善基础设施。如 2009 年 8 月，JHU（约翰霍普金斯）大学图书馆得到 NSF 一项 2000 万美元的资助，构建一座数据研究基础设施，用来管理过去从教学和科研中产生的海量增长的数字资源。五是组建数据咨询小组，设立信息专员。如 JHU（约翰霍普金斯）大学图书馆在合作项目中选择既有学科背景，又善于合作的馆员担任信息专员，提供协同嵌入服务以及参加文献评述、合成与数据摘录等工作。

## 二、大数据推进高校图书馆应用的基本架构

我国图书馆要想成功地推进大数据就必须将“角色定位、服务转型、文化编织”这几个核心思想贯穿到具体工作中去，让人们关注更多的是图书馆的“服务职能”，而不仅仅是它的“空间场所”。这样大数据的核心价值（不在于储存了多少数据，而在于获取了多少有用的信息）在图书馆才能从真正意义上得以体现。基于此，有图书馆界学者提出了我国高校图书馆应用及推进大数据的基本框架。

### （一）人才方面

大数据是一项前沿技术，需要懂技术又有跨学科背景的专业人才，操作难度大。目前，国内绝大多数高校图书馆都欠缺这方面的人才，既没有将非结构化数据进行处理及深度分析的技术，也没有将数据转换成知识的思想意识。因此，大数据人才的挖掘与培养是目前亟须关注的领域。可从以下三方面入手：第一，区别对待，有针对性地培养。充分发挥领导“知人善任”的才能，将本馆工作人员根据学科背景和工作能力进行分类排队，然后结合实际有针对性地培养。如对云计算、物联网、移动互联网、大数据等专业知识有理论专长的，就从技术层面去加强；对信息科学、心理学、管理学等其他学科知识有一定了解的，从专业服务员的方向去发展等。第二，交叉互补，“多能型”挖掘。即先将所有具备一定业务技能的馆员都按“多能型”人才进行培养。通过对有实

践经验的弥补研究方法，懂研究方法的弥补专业知识的方式，最终挖掘出符合需要的人选。第三，争取条件，引进人才。图书馆要重塑形象不断进取，以良好的内外环境和优质的待遇吸引人才，特别是大数据人才到图书馆来。

## （二）资源方面

大数据对读者利用图书馆的行为与方式产生了巨大影响，用户通常使用搜索引擎学习、研究和工作。以英属哥伦比亚大学图书馆为例，每年对电子资源的点击量是 700 万次，而纸质书的借阅率已经从每年 20 万次下降到了 8 万次，用户对纸质印刷品和视听产品的需求越来越小。如何在数字时代更好地发现及管理好图书馆资源是新时期面临的课题。

第一，纸质文献资源的整合

图书馆系统有海量的门禁数据、传感器数据、RFID 数据及借还数据等，我们可通过借阅数据的类目排列得出图书的利用率进行整合；也可采用 RFID 无线射频识别技术实现文献资源的跟踪分析，进而根据用户个性化需求来实现整合；还可利用传感器数据进行预测性分析得出读者最喜欢的最需要的或者哪种环境最适宜读者取阅的来实现整合。不管哪种方式，整合的结果就是将利用率高的受读者喜欢的、最需要的文献安排在方便取阅、位置好、光线好各种条件俱佳的楼层;将比较受用的利用率不高的安排到密集书库;将那些“无人问津”或者残缺不全的旧书进行打包剔旧。整合目的在于更贴近读者，满足读者的需求。

第二，电子信息资源的数字化

随着信息技术的迅猛发展，人们接收信息的方式正在发生巨大变化，“信息无处不在，5 亿网页不过是一个按键的距离”。然而，传统图书馆尚在数字化转型，阅读数字化、服务数字化、管理信息化等虽已进行到不同程度，但“数字革命”远未成功。北京大学图书馆陈凌副馆长认为，“图书馆信息资源的数字化不仅要将传统图书馆与数字图书馆结合起来，纸型资源与电子资源互补共存，而且要在资源数字化的基础上实现大数据的共享”。总之，图书馆电子资源的数字化就是信息资源数字化、信息传递网络化、信息利用共享化、信息提供知识化、信息实体虚拟化。因此，图书馆要抓住大数据的机遇，将数字化进行到底。

### （三）技术方面

如果说云计算为数据资产提供了保管、访问的场所和渠道，那么如何盘活数据资产，使其为国家治理、企业决策乃至个人生活服务，则是大数据的核心议题。然而，我国图书馆现有的信息技术难以满足大数据存储、分析等各项要求。如何把握大数据带来的技术优势与分析方法，有效提高图书馆智能决策能力是图书馆在新形势下的一大难题。

第一，基于 NoSQL 解决数据异构集成

NoSQL 就是 NotOnlySQL 的缩写，意即非关系型数据库。作为近年来兴起的非关系型数据库，NoSQL 通常采用分布式、集群化的数据存储模式，主要用于大规模结构和非结构数据存储管理，具有大容量、高性能、高扩展等特性，并具有良好的 MapReduce 支持。因此，用它来解决大数据环境下数字图书馆种类繁多、事先无确定模式、异构数据占绝大多数的数据存储问题是一种非常好的技术支撑，也有助于数字图书馆之间的合作与信息共享。

数字图书馆的异构数据采用 NoSQL 作为中间件技术集成，无须基于关系模型的异构数据集成技术那样要先把异构的数据整合转换成一个统一的格式，那样会带来数据的丢失和部分失真，而是直接通过分权分域管理，将各数字图书馆传送来的异构数据进行包装，并存放于 NoSQL 集合中，然后对外提供一致的数据访问服务。

第二，基于 HNC 的文献知识元检索

HNC（Hierarchical Network of Concepts）概念层次网络，是面向整个自然语言理解处理的理论体系。该理论在深入挖掘汉语特点的基础上，以意义表达和语言理解为主线，建立了一种模拟大脑语言感知过程的自然语言表述模式和计算机理解处理模式，在汉语语句理解方面达到国际领先水平，并已获得国家发明专利。HNC 概念符号含有大量的语义信息和不同概念之间的横向和纵向关联，使得知识元之间具有一定的语义链接。而知识元是指相对独立的表征知识点的一个元素，它可以是一段文字、一幅图表、一个公式等。图书馆的信息检索技术主要分为全文检索、数据检索和语义检索三类。前两类属于传统的检索方式，也是国内大多数图书馆所采用的方式，通常使用关键词同形的简单匹配，而不考虑语义。这两类检索方式造成的结果一方面出现大量含有该关键词，但与我们想检索的文献毫不相关的信息，另一方面是与关键词相关，但文献中没有出现该关键词的信息丢失，很难兼顾查准和查全，具有很大局限性。而语

义检索，也可以叫作知识检索，是一种基于知识的语义的分析检索，是在自然语言理解、计算语言学发展的基础上产生，由知识库支持在检索的查准率和查全率上较好地满足用户的检索要求，是信息检索发展的趋势。

对比各种检索优劣，面对大数据时代图书馆将面临的种种问题，笔者提出基于 HNC 的文献知识元检索口，即在知识元检索过程中引入 HNC 理论，从本质讲也是语义检索。其操作过程为：先将待检索文献中的主题词或词对作为知识元内容，以 HNC 符号表示特征词，然后依存句法分析和 HNC 理论将知识元提炼出来，建立知识元之间、文献之间的链接关系，再针对搜索结果提供相似文献、同类文献、文献来源等链接，最后利用 HNC 的语义特性选择符合自己需要的链接，从而实现知识元检索。

第三，基于 PKI 技术保护读者隐私

PKI（Public Key Infrastructure）公钥基础设施是一种新的安全技术，采用数据加密和数字签名来实现用户身份认证，并在开放的互联网环境中提供一体化服务的非对称加密法。它由公开密钥密码技术、数字证书、证书发放机构（CA）和关于公开密钥的安全策略等组成，是目前比较成熟完善的互联网络安全解决方案。国外一些大的网络安全公司纷纷推出一系列基于 PKI 的网络安全产品，如美国 Verisign、IBM、EntmSt 等安全产品供应商为用户提供了一系列的客户端和服务器端的安全产品，为电子商务的发展提供了安全保证。

数字图书馆引入 PW（Pseudo Wire）技术来保护广大读者的隐私是所有图书馆的高级阶段和发展趋势。其基本实施过程为：每个用户首先向数字图书馆论证中心申请以获得公钥，生成自己的密码对，当需要使用有关信息服务时，将数字证书用自己的私钥和论证中心的公钥加密后发送至论证中心，论证中心收到后进行解密，确认用户合法身份并签名，签名后的数字证书被加密后传给用户，用户用该数字证书作为身份证明向图书馆申请使用相应服务，从而读者的隐私得到一定程度的保护。因此，我们有理由相信：网络技术的发展虽带来了一些新的社会问题，但同样也会为保护隐私提供更先进的技术。未来图书馆在加强隐私自律时，也应加强网络基础设施建设及信息安全技术的开发应用，为保护读者隐私做出努力。

第四，采用数据的合并与清理解决取舍问题

大数据环境下，图书馆海量的数据资源中充斥着太多冗余数据。一方面数据中心已经没有足够的空间来备份 PT 级的数据，另一方面给数据的存储、备份、传输等增加很大负荷，常常导致“宽带不宽”。为了解决数据取舍，节省空间，数据的合并与清理是一个不错的选择。

在书目数据中进行数据的合并与清理就是对前系统漏判的重复书目数据记录进行合并。目的在于解决同一种书目记录重复问题、同书异号、异书同号问题，通过清理还可发现编目数据的错误。因此，书目数据的清理与合并是图书馆自动化编目工作的重要组成部分，也是书目数据库建设必须面对的问题之一。其具体工作：一是对图书馆合并后的重复记录进行删除。二是对中央书目库中没有对应的馆藏条码号的记录进行删除。三是对出版年和责任者均重复的记录进行合并。四是按索书号排序，解决异书同号问题。当然也可将这一技术用于解决其他数据的取舍问题，这里不再一一列举。

### （四）服务方面

随着人们阅读方式的转变，图书馆传统的与用户分离的服务模式逐渐不能适应用户新的发展需求，尤其在知识服务日渐成为图书馆未来服务趋势的情况下，图书馆需重新定位，服务必须转型：要树立“用户在哪里，服务就在哪里”的服务理念，学会有效利用现代信息技术去提升服务水平、拓展服务项目。实践表明，只有创新服务并将其延伸到具体实践中，图书馆才有生存的价值和旺盛的生命力。

第一，基于“个人门户”概念开展个性化信息推送服务

个人门户就是以个人为中心的互联网入口网站，它提供给用户能够选择个性化服务的路径，将各种价值的数据和互联网资源集成到一个信息管理平台，并以用户个性化的页面布局呈现出来。中国互联网服务商 1616. net 于 2010 年 11 月正式推出了个人门户概念，成为中国传统的网址导航领域服务创新过程中“第一个吃螃蟹的人”。

然而，国外许多数字图书馆已经建立了自己的门户。根据美国研究图书馆学会的调查，许多研究型大学图书馆早已建立了自己的数字图书馆门户，其中包括哥伦比亚大学、加州大学圣地亚哥分校、康奈尔大学、麻省理工学院、华盛顿大学等。国内有条件的图书馆在近几年也纷纷开展了基于“门户”的个性化服务。如北京师范大学图书馆 Metalib + SFX 统一检索型数字图书馆门户、北航图书馆 TRS（Text Retrieval System）搭建数字图书馆门户等。

实践证明，通过个人门户平台，图书馆能把最快最有价值的信息聚合起来，从而使用户不必再浪费时间做网上“冲浪”，不必再忍受信息爆炸和闪烁广告带来的烦恼，实现所有互联网信息的“一站式”阅读体验。高校图书馆作为以研究为基础，服务为主导的学术研究型图书馆，其“个人门户”式的信息推送服务就是基于读者行为习惯的组合式网页终端自适。具体来说，利用个人门户平台，图书馆可以开展图书预约通知、文献邮件传递、在线参考咨询等业务信息推送。如有人习惯访问 CNKI（China National Knowledge Infrastructure），主页就将 CNKI 的信息放在前面推荐给用户；图书馆还可根据读者曾经借过的图书，经过相似分析过滤后将本馆相近或同类的，特别是新到的同类图书推荐给读者，此举非常人性化。又如，有人想借某图书却多次未果，相当浪费时间。有了个人门户后就不用这样费事了，读者可先在系统进行预约，当其他读者到总服务台归还此书时，系统通过个人门户平台以温馨提示的方式告知读者该书已还至图书馆，请速到总台办理借书手续等。

第二，设立信息专员开展知识服务

从学科馆员到信息专员，不仅仅是名称的变化，更是服务模式的转变。信息专员更强调“嵌入式”的知识服务，强调将学科馆员的服务与目标用户及其需求过程紧密结合。信息专员在合作项目中的具体工作有以下四项：一是协助和参与多种服务，包括为各用户定制相关数据信息、信息管理、电子资源试用等。二是协同嵌入服务，即与合作方在深度项目上进行协同，包括从事深度文献检索、经费支持下的协同、建立数字门户和用户专用研究间等。三是文献述评，即参与到研究的各阶段，演示文献信息检索与调整评价文献、合成与数据摘录等，并最终形成可检索的数据库。四是实践指南，除了提供文献支持外还为员工创建一个引文管理数据库，方便项目组成员使用。信息专员的设立好比是为科研团队打造的“信息专家”，能更好地为科研团队提供信息服务。

第三，文献传递与快递服务

这是将营销理论运用到图书馆的一项有偿服务。近几年来，馆际互借和文献传递是图书馆向读者提供的两种常规服务项目。馆际互借是“图书馆之间根据协定相互利用对方馆藏以满足本馆读者需求的文献外借方式”。而文献传递服务则“通常是指（图书馆）向其最终用户提供文献的一个完整过程，包括明确地表述和发出请求以及对文献的物理和电子提供过程的管理”。可见，文献传递是馆际互借服务的进一步发展与细化。

在美国，以收费为基础的文献提供服务最早于 20 世纪 60 年代在附属于学术研究机构的图书馆内开始出现，以后逐渐向其他类型的图书馆普及。据美国图书馆协会（ALA，American Library Association）编辑的 1998 年版《图书馆互联网文献快递服务指南》统计，设有该项服务的学术图书馆有 192 家，科研机构和特殊图书馆有 92 家，公共图书馆有 77 家。在国内，开展此项服务的图书馆也不少，以重庆理工大学图书馆为例，2011 年该馆与重庆西南大学、重庆大学图书馆建立了馆际互借关系，该校科研人员可以通过该馆信息部向两家图书馆借阅图书或申请文献传递。此外，该馆已正式加入重庆市数字资源共享平台，使该校研究人员更容易从许多一流成员图书馆中获取信息，满足科研需求。随着大数据时代的来临，人们获取信息的方式越来越“终极”化，电子文献或许并不能满足所有人的要求。笔者以为未来图书馆有必要向物流快递学习，将文献传递服务“物化”并及时送到有特殊需要的人手中，这些人群主要是高级职员、残障人士或其他教师在教学中急用所提供的送还文献服务。有了这些服务，我们相信未来图书馆不是离您越来越远，而是越来越近。

第四，嵌入式教学服务

高校图书馆不仅是文献资源服务中心，还肩负着教育的职能。用户信息检索技术、获取知识的能力、信息评价和利用能力等直接影响利用图书馆的状况。如将信息素质教育“微化”嵌入教学课程中，能有效提高用户利用图书馆的基本素质、应用素质及综合素质，能进行信息的分析、评价和再利用，从而充分发挥了图书馆服务职能的附加值。

第五，“纸云”融合的阅读推广服务

当下虽然纸质图书借阅量连年下降，电子资源检索量和下载量日益增加，但纸质阅读的个性化深度阅读需求依然强烈。数据显示，约 74.4% 的小学生和老人更倾向于纸质阅读，其余有 13.2% 的人喜欢在线阅读，有 9% 的人倾向手机阅读，还有约 4% 的人喜欢下载来阅读。分析数据我们不难看出，虽然目前纸质阅读占优势，但随着人们阅读模式的改变，其人群在被越来越多的阅读平台所蚕食。基于此，有学者提出“纸云”融合的阅读模式。一是利用图书馆现有的环境和自动化系统 OPAC 定期开展新书及经典图书的推荐、数字资源的宣传培训、各种形式的讲座等馆内推广活动。二是利用图书馆网络及微博、微信平台开展读者 BBS 论坛、书评、阅读比赛等活动，从而营造一个开放、共享、有序的阅读氛围。相信随着阅读活动在图书馆及全国的深入推进，无论纸质图书还是电子资源，在未来都会有巨大的增量。

### （五）管理方面

大数据对图书馆的管理也产生了深刻的影响，它所具有的区域间、行业间、部门间的穿透性正在颠覆着图书馆传统的线性的自上而下的管理模式。现实表明，图书馆的有些管理已经不适应时代的发展，需要进行改革。

第一，从采访数据中提取核心书目。

这是从管理的角度对文献资源采访提出的新要求。面对海量数据，文献资源采访的现状令人担忧：一边是经费捉襟见肘，一边是 30% 的图书被闲置。北京人天书店有限公司总裁邹进提出了从采访数据中提取核心书目并建立核心书目评价机制。一是出版社评价得分：出版社的市场占有率、分类图书品种市场占有率、出版社综合排名等约占 20%。二是作者评价得分：以往著作在图书馆的借阅率、被引用情况、专家及读者评价等约占 40%。三是责编评价得分：责编的专业水平、获奖情况、著作销量等约占 10%。四是版次评价得分：版次越多，理论上质量越好，约占 10%。五是其他评价得分：图书是否被列为国家重点出版项目计划、媒体推荐、装帧等约占 20%。可通过这五方面的综合数据来评判这本书是否可进入核心书目，从而建立一套完整的核心书目单供采访人员参考。

第二，协同合作。

协同合作是一种致力于建立长久紧密的战略合作伙伴关系的管理思想，是当下热衷的一个话题。大数据环境下，为了实现资源共享优势互补风险共担，图书馆有必要开展广泛协同合作，建立包括技术、资金、信息、人才交流在内的密切往来关系。有两个非常好的合作范例可供我们学习：一例是“欧洲文化门户工程”（European Culture Portal Initiative）的电子档案馆项目，2000 多个成员在元数据标准等方面通力合作，拥有大量的书籍、绘画作品、电影和博物馆藏品。另一例是“开放获取知识库联盟”（the Confederation of Open Access Re-positories），他们也正致力于开放获取标准等方面的合作。需要强调的是这种合作不仅涉及图书馆，还需要出版界、学术研究者、基金等社会相关领域的共同参与。

### （六）基础设施方面

经费是图书馆得以发展的基础，同时经费紧张也是制约国内图书馆发展的共同问题，不像国外有些图书馆动辄就有上千万元的项目来支撑基础设施建设。

其原因在于，一方面国外有些商家确实有雄厚的经济实力去支持图书馆发展，另一方面在于国外图书馆的合作与服务意识。而国内图书馆主要靠财政支持，主动服务的意识较淡薄，所以基础设施难以跟上时代发展。借鉴国外经验，首先，我国图书馆要准确定位，定位成学习、休闲、生意洽谈等场所。其次，要以积极主动的个性化多样化的服务来吸引用户。最后，还要善于广泛争取项目经费来改善设施。

信息技术的发展，让我们从“信息贫乏”时期一跃进入饱受“信息过载”之苦的阶段。图书馆海量数据的存储、分析等目前虽有些问题，但没有坏数据，只有对数据的不合理使用。我们要学会从自发到自觉、从局部到整体、从微观操作到宏观管理的方式去应对大数据带来的各种困惑和挑战。大数据在我国图书馆的应用及推进是一项系统工程，并不是一蹴而就的。因此，在技术发展到足够高度之前，有关大数据的处理与应用还在不断磨合中，但有一点毫无疑问，那就是时代驱动下图书馆职能的演进：藏书楼—图书馆—知识加工厂—智慧图书馆。

## 第四节　大数据给图书馆事业带来的影响

图书馆事业是以最大限度地促进人类知识的交流与利用为己任的事业，而专业化的图书馆事业包括数个活动领域。实践活动、研究和教育图书馆事业的实践活动旨在运用图书馆学的专业知识对文献进行加工、处理、保管、传递，对人类知识和信息进行组织、整理促进其交流和利用；从图书馆事业的定义和构成来看，其是与知识和信息有着天然和紧密联系的，图书馆事业如果离开了知识和信息就根本无法产生，更遑论在人类社会中的长期存在和持久发展了。而数据概念的外延与信息和知识的外延本身就交错重叠，不可分割，数据是图书馆馆藏资源的重要组成部分，而且学术界也普遍认同：数据作为原始类的产品可经过加工、整理和分析提炼转化为信息和知识，以便在人类生产生活中发挥更大的作用。因此，对大数据主题的适当研究本是图书馆事业的分内之事，同时是其认清时代发展方向，主动把脉并参与到社会发展脉动之中的体现，显示出图书馆事业在信息社会中谋求生存和发展能力的迅速提升。

## 一、国外图书馆事业对大数据应用的研究

图书馆学已有的研究中与大数据产生关联的包括网络计量学和文献计量学，网络计量学的研究目的在于促进信息科学和其他社会科学的进步，其是通过收集和分析网络而来的大规模数据来实现的，而传统的文献计量学研究由于大数据技术的应用而极大地拓展了其研究范围，从以往只能进行简单的描述性研究扩展到评价和预测性的研究。

图书馆学研究者也参与了诸多的研究项目中，包括为促进标准化运动而开展的“语义网社区与关联开放数据运动”（Sematic Web community and Linked Open Dala initiative）等。新西兰的奥塔哥大学图书馆则承担了奥塔哥生物多样性数据管理项目的研究，部分机构如美国弗吉尼亚州立大学开始组建科学数据咨询小组，而图书馆馆员和数据管理者则为学者们充当了咨询顾问的角色。

麻省理工学院的一个研究项目表明，图书馆馆员在数据监护（Data Cumtion）工作中所应承担的职责包括分析数据集合之存储需求、数据管理规划、最佳实践经验的传播、收集与传播数据集合以及完成数据保存标准的制定。乌里韦（Uribe）和麦克唐纳（Macdonald）在 2008 年提出：数据监管工作将会得益于图书馆馆员传统的索引、编目和其他的信息组织技术。而里昂（Lyon）在 2007 年所提出的大学图书馆馆员或者学科馆馆员是承担数据监护任务的理想人选的观点，目前已经受到业内的广泛认同。胡韦（Huwe）在 2009 年提出要采取政治手段推进图书馆与数据中心的合并。能否实现的关键因素是看高等教育机构能否认同图书馆对学术研究的贡献与支撑作用，而目前许多图书馆已经参与到高校机构库的管理运作中，如果能够很好地完成这项使命，图书馆的职责才可能会被进一步加以拓展。由希格金斯（Hig-gins）于 2008 年提出的“数字监护中心生命周期模型”，海多姆（Heidom）经过分析认为，对图书馆而言，这一生命周期中的“数据保存的规划”步骤可以并入数字机构库的文件实体管理中；而“群体环境的观察与参与”步骤中，不同的数据实体适用于差异性的社会群体，而社会群体不断创造出崭新的标准和实践模式，这些都是图书馆需要密切关注的。

另外，美国学者对图书馆馆员在大数据环境下的角色和所需专业技能做了调查与设想。他们认同图书馆可以在大数据时代中承担起数据管理的职责这一观点，同时通过实证性研究认识到目前绝大多数图书馆馆员并不具备数据科学家必备的素质结构，细分了这些技能并分析了差距所在。

密歇根州立大学、伊利诺伊州立大学、北卡罗来纳州立大学和亚利桑那州立大学都已经开设了大数据相关的课程和研究方向。例如，亚利桑那州立大学已经围绕元数据、数字格式和数据迁移等主题开设了数字馆藏课；诸如调试和管理服务器和数据库的应用型技术；包括采购、政策发展和组织结构等内容的数字馆藏管理；带有存储标准、软硬件和格式废弃等内容的存储课程；以及将不同技能整合好以完成数字管理方案的案例研究课程。亚利桑那州立大学已经可以提供数字信息管理方向的硕士学位证书。而伊利诺伊州立大学香槟分校则开设了一个数据监护方向的硕士学位教育项目。而英国的谢菲尔德大学也安排了基于专业的信息学课程和一个新的信息学专业的理学学士学位。

## 二、国内图书馆事业对大数据应用的研究

中国大陆相关主题的研究在 2012 年还处于起步阶段，而时至今日则呈蓬勃发展之态势。在 CNKI 中以“图书馆”和“大数据”检索期刊论文的主题，检索出的目标文章 2012 年只有 1 篇，即杨海燕发表在 2012 年第四期《图书与情报》上的文章《大数据时代的图书馆服务浅析》。到 2015 年 6 月，仅限定“高校图书馆”与“大数据”检索期刊论文的主题，检索出的达标文章已高达 115 篇。部分学者在研究图书馆大数据时，都会提到大数据与图书馆的信息服务问题，笔者选择典型文献进行述评。杨海燕在研究中提到了图书馆具备了“大数据”特征，大数据时代的图书馆服务方式、途径、模式等都将发生改变，图书馆服务可能具有针对性和鲜明性[①]。韩翠峰认为大数据时代图书馆的服务创新朝以下方向发展：重视大量的用户数据信息，探索大数据分析及相关服务，利用大量的复杂数据分析技术与工具，提高图书馆服务的智能化程度[②]。王天泥的研究认为，大数据为图书馆知识咨询带来了发展机遇，知识咨询是大数据时代图书馆咨询服务的新模式；数据资源与人才建设是图书馆知识咨询发展的两大驱动因素[③]。朱静薇、李红艳构建了基于大数据的图书馆服务模式，主要表现为：基于数据整合的一站式资源服务，基于数据分析的学科知识服务，基于数据应

① 杨海燕 . 大数据时代的图书馆服务浅析 [J]. 图书与情报，2012(4):120-122.

② 韩翠峰 . 大数据时代图书馆的服务创新与发展 [J]. 图书馆 ,2013(1):121-122.

③ 王天泥 . 知识咨询 : 大数据时代图书馆的知识服务增长点 [J]. 图书与情报，2013(2):74-77.

叫的信息可视化服务，基于数据挖掘的智慧服务①。裴昱指出，大数据为图书馆带来创新转型的可能性，图书馆将会发生相当程度的角色转变，应该改进用户行为信息的利用方式，才能在个性化信息服务的大潮中取得较好发展②。盛小平认为图书馆服务体系创新研究与发展方向为：高度关注和重视大量的图书馆用户的数据和信息，着力提升图书馆服务的智能化程度，积极探索和分析大数据及其相关的服务，充分利用大量的复杂的数据分析技术与工具，未来图书馆大数据发展的模式是知识中心③。石薇芬认为大数据时代下图书馆应从以下几方面着手提升自身服务：定位用户需求，完善图书馆网站设计，进行个性化推荐④。黄铁英在研究中指出，大数据背景下图书馆服务要适应数字化阅读的发展，对各学科的知识都有一定深度的了解，并与读者开展多种互动⑤。

## 三、国外图书馆大数据应用实践

2012 年哈佛大学图书馆把图书大数据公之于众。这些数据共计由 73 家图书馆分馆提供，共涵盖了 1200 多万种资料，内容包括书目数据、手稿、地图、视频和音频等。这些数据将会在美国数字公共图书馆（Digital Public Library of America）中提供下载，哈佛大学图书馆实验室的副主任称，每种馆藏均提供了尚未发现针对大数据概念和技术的资源采集和特色服务多达 10 个不同属性的值，以此来促进世界范围图书目录的开放以及对新型应用性产品的研发。

美国俄亥俄州 OverDrive 公司是一家电子书、有声书等信息产品的多渠道经销商。其 2012 年 4 月所发布的第一期《大数据报告》中称，该公司长期以来与大量各类型的图书馆合作，从图书馆中收集数据提供给出版商和其他有合作关系的图书馆，供其开放存取，这些数据主要包括电子书和数字有声书的流通状况、读者的图书需求状况、图书馆网站访问的拥堵状况和人口统计学等

① 朱静薇，李红艳．大数据时代下图书馆的挑战及其应对策略 [J]. 现代情报，2015(5):9-13.

② 裴昱．大数据时代图书馆用户行为信息的利用方式 [J]. 图书馆学刊，2013(8):44-46.

③ 盛小平．论图书馆知识创新文化建设 [J]. 图书馆，2008(1):30-33.

④ 石薇芬．大数据时代的图书馆信息服务 [J]. 社科纵横 新理论版，2013(2):269-270.

⑤ 黄铁英．大数据背景下图书馆服务的思考 [J]. 广西警官高等专科学校学报，2013(5):77-80.

信息。该公司从分析数据中发现，图书馆的电子书借阅也会促进出版与经销商图书的零售额，特别是图书馆网站上的读者推荐阅读书目和出版商的营销活动，都会培养消费者对出版商的忠诚度。同时，OverDrive 公司也会通过 Buy-It Now 网上商店等渠道为图书馆提供其所不具备的书目记录，因而也给读者预备了发现图书的崭新途径。

部分高校图书馆就“数据监护”展开探索性的实践和研究，也获得了不少有益的启示。而巴斯大学在 2012 年年初成功获得英国联合信息系统委员会（JISC，Joint Information Systems Committee）的资助，以帮助其完成 Research360（R360）项目，从而达到在机构内嵌入优质的数据管理实践过程的目的。R360 项目开发出了包括六道程序的示意图。其同时列出了在科研数据管理过程的不同操作中大学图书馆可以提供哪些支持性的信息服务并归纳出四点工作原则，分析得出了图书馆中与科研数据管理相关的职位及其职责、要求和需维护的社会关系。在专门职位设置方面，巴斯大学则指定了一位机构的数据科学家参与到 R360 项目中，其职责在于推动跨机构研究数据的管理实践。

可以看出，在西方国家特别是美国，各高校对数据监护实践活动的开展已经较为普遍，都设置了专门的岗位将数据监护作为一项特色性和前沿性的服务加以推广，并在实践当中不断总结经验教训。而支持专门科研项目的数据服务也已经开展，对于普渡大学和伊利诺伊州立大学联合申请的“数据简介”项目，新西兰奥塔哥大学图书馆承担的奥塔哥生物多样性数据管理项目，以及弗吉尼亚州立大学所组建的科研数据咨询团队，图书馆馆员和数据管理员在这些项目当中都承担了为科研人员提供咨询指导的任务，诸如帮助其确定项目数据管理需求，并将所有资源需求用已有的数据监护工具加以可视化。相比之下，国内不仅研究方面凤毛麟角，另外还尚未发现针对大数据概念和技术的资源采集和特色服务活动，因而可以看出国内业界对大数据的应用落后于国外相关领域的实践进度，因此需要在理论界加以深入研究和广为宣传的同时，加快引进国外先进的技术引进与应用。

## 第五节　大数据时代高校图书馆信息服务模式

随着移动互联网技术不断发展，高校图书馆的信息服务模式也在不断地变化。主要经历了以图书馆馆员为中心的服务模式、以资源产品为中心的服务模式和以用户为中心的服务模式。现在高校图书馆信息服务是以实现用户个性化信息需求而进行的信息服务。这种服务主要建立在对大数据的分析、处理的基础上挖掘出用户的实际信息需求和潜在的信息需求，然后有针对性地为用户提供信息服务。

在大数据时代，信息资源迅速增多，它的生命周期越来越短，这就意味着高校图书馆必须要实时对更新的数据进行处理分析，将有价值的信息反馈给用户。目前，高校图书馆虽然是面向用户的信息服务，但是实际上如果不能及时对大量更新的数据进行处理、分析，这种面向用户的信息服务也只是一句空话。

大数据是数量大、结构复杂、类型繁多，利用常用的软件工具处理这些数据超过可容忍时间限制的数据集。大数据技术本来就是基于对大数据的集成、抽取、分析、解释的一种技术，所以它能及时对这些大量的动态更新信息进行挖掘找出有价值的信息。

高校图书馆的信息资源具备大数据的特征，将大数据技术运用在高校图书馆的信息服务上能更好地为用户提供个性化信息需求。建立在大数据技术上的高校图书馆信息服务模式包括四种：基于数据整合的一站式资源服务、基于数据分析的学科知识服务、基于数据应用的信息可视化服务和基于数据挖掘的智慧服务。大数据时代，图书馆从固定的馆舍、馆藏转变成虚拟的图书馆，随之而发生的是服务模式的变化，服务的模式转变为面向数据提供服务。基于大数据的高校图书馆的信息服务从数据、信息、知识、智慧四个层次展开服务。

## 一、一站式资源服务

在大数据环境下，数字化的信息资源是庞大的，数据结构复杂、数据类型多，一个图书馆要收集到全部的信息资源从理论上看是可以实现的，但实际操作却是非常困难的，因为这些信息资源包括现实馆藏资源和虚拟馆藏资源。

实际馆藏资源包括本馆自建的数字化信息（馆藏书目数据库、特色馆藏数据库、电子出版物、网上采集并下载到本地服务器中的信息资源）；虚拟馆藏资源包括网络数据库、在线出版物、网络动态信息。由于这些数据来源于不同的数据库和知识库，尤其是用户通过社交网络产生的信息资源，将这些信息资源整合在一起需要大数据技术。高校图书馆可以采取措施提高用户对各种信息资源的开放式存储，使用户由被动的信息接收者向主动的信息发布者转变。大数据是基于 MapReduce、NoSQL、云计算等技术对大量复杂的数据进行快速提取、集成、分析、解释，实现从不同类型信息资源中查找，并用统一的数据标准表示查询的结果，真正实现不同结构的数据的整合。通过复杂数据的整合实现用户对数据的管理。基于大数据的高校图书馆信息服务是通过对图书馆的馆藏信息、网络信息资源和用户的信息资源等大数据及时快速地采集、抽取与集成，将这些大量的、结构复杂的数字化信息资源整合在一起，去除重复的数据得到可信赖的数据，并将它们存储到不同的数据库，或虚拟存储空间，通过大数据的智能化检索技术为用户提供一站式的资源服务。

## 二、学科知识服务

图书馆学科知识服务的基础是知识服务和学科馆员制度，针对用户的信息需求对相关学科的信息进行采集、存储、分析，为用户提供所需专业知识的服务。提高高校图书馆的信息服务能力的主要方式是通过向用户提高学科化、个性化的信息。不管是公共图书馆还是高校图书馆面向学科的信息服务都是不可缺少的，在高校图书馆中面向学科开展的信息服务更加突出，因为高校图书馆的服务对象是教师和学生。对教师、学生和科研人员说，他们主要是从事学科研究，他们更需要的是相关研究学科的专业知识，而作为能提供权威信息的图书馆，可以通过提高面向学科的信息服务来满足这部分人对学科知识的需求，从而提高高校图书馆个性化服务能力。

在大数据环境下，因为高校图书馆的信息服务的内容发生了变化，所以高校图书馆的信息服务模式也发生了变化。在大数据时代，学科的知识在持续快速地增长，逐渐形成了学科生态系统，而且各个学科的知识还在不断地更新。建立在对这些更新的大数据的采集、分析、处理的基础上，找出用户真正需要的学科知识，并为之提供知识服务。作为为用户提供信息资源平台的高校图书馆，采用各种技术和处理工具对数据进行采集、整合，挖掘出数据的潜在价值，并将这种价值反馈给用户学科知识服务是以学科为基础，通过不同用户对同一个学科的信息资源检索浏览下载的频率进行分析，找出某段时间内用户对学科的哪些主题感兴趣，并通过数据挖掘和各种分析方法预测出学科研究的热点和学科与学科之间的交叉主题的研究。通过高校图书馆的借阅系统对用户借阅数据的统计和图书馆流通日志进行挖掘，发现用户、图书、信息资源之间的知识网络。通过构建知识网络来更好地为用户提供学科知识服务。

## 三、信息可视化服务

互联网技术的飞速发展，用户对信息提供的方式发生变化，他们希望反馈的结果的可视化程度高，这样便于用户更加直观地了解反馈的结果。对于面向用户的数字图书信息服务应该加强信息的可视化的研究来满足用户对信息可视化的需求。

大数据中包含大量信息，并且信息之间的价值密度低，通过大数据分析技术对这些数据进行深层次分析，用大数据挖掘技术找出隐藏在这些数据里的有价值的信息，并且将这些信息通过可视化技术提供给用户。通过可视化技术，用户可以大大提高对检索结果评价的速度，并将这些评价结果及时反馈给图书馆。图书馆根据反馈的评价结果继续为用户提供所需的信息，使提供的信息资源更加贴近用户真正的信息需求，从提高检索的查准率上提高用户的满意度。常用的可视化技术有标签云、历史流、空间信息等。

信息可视化是将抽象的数据通过技术处理形成可以直接观看的形式。信息可视化技术是为数据分析、规律挖掘和决策服务的。

大数据中隐藏着大量的信息，通过云计算、Hadoop 等技术对大数据进行分析，挖掘出大数据中可以利用的信息。在高校图书馆信息服务中应用信息可视化技术可以有效解决用户信息需求和图书馆为其提供信息之间的鸿沟，即可以提高查准率。对抽象数据进行分析、处理、利用是信息可视化的一大特色。高校图书馆在大数据环境下的数据结构复杂，分布广，将信息可视化技术应用到高校图书馆的数据分析上，可以很好地解决异构数据的问题。信息可视化不仅可以体现在面向检索的主题可视化，还体现在数据库分布的可视化。将学科计量学方法和信息可视化技术结合起来，产生学科知识地图，展现学科、作者、著作之间的关系，阐述学科知识结构，反映各个领域知识的发展动态，促进知识的获取，使知识结构明晰，通过可视化的方法将集中的数据和没有看见的抽象数据的语义关系表示出来，反馈给用户。用户可以通过信息可视化技术发现这些数据集中有用的潜在的信息资源，为用户在获取、整合、处理和利用信息方面提供便利。在大数据环境中，高校图书馆为了更好地满足用户的个性化信息需求，为用户提供基于数据应用的信息可视化服务是基于大数据的高校图书馆信息服务的发展趋势。

## 四、智慧服务

数据挖掘技术对数据源没有限制，换句话说就是数据挖掘的对象既可以是结构化的数据，也可以是半结构化的数据和非结构化的数据。从这些数据中发现隐藏在其中没有被用户发现的隐性知识的过程。

随着人们获取信息资源越来越便利，人们期望通过更智能化、简单化的方式获取更准确的信息，这就促使高校图书馆在个性化的信息服务上进一步提高。高校图书馆的个性化信息服务是通过对读者的个人信息、使用信息的方式以及特定主题的信息需求分析的基础上，对用户的信息需求进行大胆预测，并主动针对预测的用户信息需求提供定制化推送服务。

高校图书馆的信息资源庞大，要想实现信息服务的个性化，首先需要利用大数据技术对这些庞大的数据集进行分析、处理，挖掘出用户真正的信息需求和潜在的信息需求，然后再针对用户的信息需求提供专业化，智能化的信息服务。智慧服务是知识服务的升华。智慧服务是对知识服务的一种创新，是高校图书馆信息服务的核心之一。高校图书馆的信息资源来自自身的馆藏资源、电子出版物和用户个人行为产生的信息。在高校图书馆中用户通过自身行为产生的信息来源于对书目查询时产生的联机公用检索目录日志，借还书时产生的流通日志数据，浏览下载数字化信息资源时产生的日志数据。利用大数据技术对这些数据进行分析，挖掘出大量潜在的有价值的信息。并通过对挖掘出来的信息进行整合，直观地显示用户的信息需求，针对用户的需求，主动为用户提供定制化服务。通过将大数据的挖掘技术应用到高校图书馆的信息服务中，提高用户对信息服务的满意度，从而实现基于数据挖掘的智慧化服务。

# 第四章　大数据时代高校图书馆信息服务创新内容

## 第一节　高校图书馆大数据整合系统平台

目前，随着用户服务模式和服务内容的变革，图书馆在不断提高读者个性化阅读愉悦感和满意度的同时，其数据中心的用户服务数据、系统管理数据、系统运行监控数据和用户行为数据呈爆发式增长，数据量正在以每 18 个月翻一倍的惊人速度累积，图书馆已跨入大数据时代。

全球畅销书《 社交网络营销：构建您的专有数字化营销网络》的作者拉里•韦伯认为："所谓大数据包括企业信息化的用户交易数据、社会化媒体中用户的行为数据和关系数据以及无线互联网中的地理位置数据。"① 大数据资源的持续、快速增长在增强图书馆系统管理能力、服务能力、市场竞争力及为发掘商业价值提供可靠大数据分析支持的同时，带来了数据中心 IT 基础设施架构庞大、管理复杂、能耗巨大、运作成本飙升和服务效率下降等问题。因此，如何通过大数据资源的高效整合提高其价值密度和数据可用性，是关系图书馆大数据应用高效、大规模用户个性化服务可用、系统绿色运营和安全的关键。

### 一、高校图书馆大数据整合需求

#### （一）图书馆 IT 基础设施架构优化和系统安全运营的需求

首先，图书馆 IT 基础设施架构的优化，应主要涉及 IT 基础设施组织架构是否有利于大数据资源和系统硬件设施的整合，数据中心 IT 基础设施资源是

---

① 拉里·韦伯（Larry Weber）. 社交网络营销：构建您的专有数字化营销网络 [M]. 张婷婷、赵睿涛，译 . 北京：人民邮电出版社 , 2010.01.

否易于扩展、管理和维护，数据中心是否具有较低的管理、运营和维护成本，并在异构环境中是否具有较强的安全性和可控性。其次，当数据中心系统因整合而减少 IT 结构复杂度和设备数量时，用户服务和数据存储将在少量的单点设备上运行，数据中心是否具有较低的单点故障率和数据存储安全性。再次，虚拟化是 IT 基础设施架构整合的关键技术。数据中心不能因虚拟化技术的大量应用，而导致系统安全隐患大幅增加和自身抗风险能力降低。最后，为了增强图书馆的用户服务性能和系统可靠性，图书馆通常会在不同地域构建若干个子数据中心来提高其用户服务的效率和可靠性。对位于不同地域的子数据中心数据进行有效的分析、挖掘和整合，也是关系图书馆 IT 基础设施架构优化和系统运营安全的一个重要问题。

### （二）数据中心异构系统与应用服务整合的需求

首先，图书馆数据中心通常将关系系统安全、管理效率和用户服务质量的关键应用部署在大型主机、Unix 平台上，而将一些非关键应用部署在 Unix 或 x86 平台上，导致 IT 基础设施架构多平台化、应用多元化、系统异构、数据分散和信息孤岛现象突出。其次，不同的操作系统、应用服务和虚拟化平台的安全需求与安全标准不同，很难将大数据流的获取、组织、管理、分析、决策平台的软硬件系统一体化和预先集成。再次，如何以用户需求和图书馆服务能力建设为指导，在保证不同系统平台效率的前提下，将数据中心原有系统和新开发系统在大数据层面上实现无缝整合，是提高大数据平台综合效率与大数据服务有效性的关键。最后，图书馆系统异构主要可分为操作系统异构、系统运行平台异构、数据库管理系统异构、网络协议异构、用户平台异构、认证机制异构、远程执行方案异构、数据自身的异构等几方面，这些异构大幅度增加了数据整合的难度和复杂性。

### （三）增强大数据价值密度和可控性的需求

随着多媒体个性化服务、移动阅读和智能阅读终端的推广与普及，图书馆数据将呈现海量递增、多样性、非结构化和时效性等特点。

首先，在大数据时代，图书馆服务已从过去以资源消耗为主，转变为以大数据资源保障为核心的个性化“绿色”服务。因此，大数据资源的价值密度与可控性关系到图书馆的服务创新能力和市场竞争力。其次，随着读者需求和服务过程复杂度的增长，图书馆面临着业务繁杂、数据存储成本激增、计算需求增大、能耗巨大、成本控制和服务质量保证等挑战，而大数据整合的有效性则是服务安全、高效、绿色和可控的保障。最后，大数据环境下，数据通常以碎片信息数据流的形式存在，单一、无规律的碎片信息数据无法呈现出大数据的分析、评估和预测价值。因此，图书馆必须以用户服务需求为中心，对数据碎片进行系统性的细分、搭配、重组与整合，才能提高数据的价值密度、可用性和可控性，最终实现大数据向个性化服务的转变。

### （四）图书馆智慧服务与智慧管理的需求

图书馆可利用大数据技术构建智慧图书馆，实现服务系统的智慧管理与智慧服务。

首先，图书馆只有通过对历史数据与当前数据的价值发现、数据整合与度量，完成对图书馆系统构建要素关系、服务模式与内容、服务市场、服务对象的准确数据挖掘和现状感知，才能正确把握图书馆基础设施结构科学性、系统管理与服务能力、服务市场竞争环境和读者个性化阅读需求的实际情况。其次，图书馆只有对所采集的全量数据、流式数据和离线数据进行整合与关联分析，以及对用户需求态势与服务效率进行判定与调控，才能完成对未来服务模式与内容变革、服务市场环境特点、用户需求和个性化阅读的判定标准进行准确预测。再次，智慧服务保障是图书馆智慧管理的最终目的。因此，图书馆大数据资源整合只有坚持以增强服务系统整体保障能力和服务资源综合利用率为目的，才能提升大数据资源的价值密度和大数据服务的支撑力。最后，数据整合的有效性和数据结构的科学性决定着大数据平台处理海量动态、快速变化数据的效率与能力，关系着高速数据在短时间内的价值有效性和即时服务质量。因此，图书馆应通过大数据平台对实时采集的数据流进行快速整合，以保证数据计算和存储系统、信息发现和处理系统、业务决策系统和用户服务系统的服务安全、高效、实时和优质。

### （五）大数据资源描述语法和元数据格式统一的需求

首先，图书馆采集的大数据资源主要由用户服务数据、系统管理与运营监控数据、用户行为数据、用户阅读活动和社会关系数据、读者论坛反馈数据、读者位置数据等组成。这些元数据的数据格式、标准和描述语法不统一，数据之间具有较强的冲突和不完整性。其次，数据资源之间结构复杂并缺少规律性，数据之间无法进行有效的语义关联，大幅度增加了无关数据语义关联和整合的难度。再次，数据整合流程的科学性和结构合理性以及实验数据格式的互操作性与可控性，也是关系大数据资源整合有效性的关键因素。最后，为了提高大数据资源整合的效率和降低整合成本，图书馆通常采用虚拟化方式进行数据整合。如何摆脱数据物理存储方式、途径和位置对虚拟化存储的限制，提高虚拟化融合模型的科学性和效率是图书馆应关注的一个重要问题。

## 二、高校图书馆大数据整合平台设计

大数据资源整合是指共享或者合并来自两个或更多应用的数据，创建一个具有更多功能的企业应用的过程。因此，图书馆大数据资源整合平台设计应采用多层次的系统结构设计，保证系统平台具有较强的扩展能力和以松散耦合度方式运行。同时，任何功能模式的增加、修改和删除，均不能降低大数据资源整合平台整体的功能性、易用性和可控性。

图书馆大数据资源整合平台系统架构主要由管理操作层、数据预清洗与过滤层、数据整合层和大数据资源层四部分组成。管理操作层是用户对平台系统管理与应用的接口，管理员通过对该层的操作完成大数据资源整合平台系统的控制、管理、维护和应用。数据预清洗与过滤层依据定义的数据清洗与过滤规则，对所采集的大数据资源进行错误与可用性检查、数据质量分析、数据过滤与清洗，保证大数据资源进行数据整合时具有较高的价值密度和可操作性。数据整合层是将临时数据库中已进行预清洗与过滤的数据，通过数据源的读取、数据转换规则的解析和系统加载，将已转换的数据写入主数据库，最终完成图书馆大数据资源的整合。大数据资源层主要由不同终端和监控设备采集的大数据资源、临时数据库、主数据库和应用系统数据库组成。图书馆采集的大数据资源暂时存放于临时数据库中，并根据预先定义好的规则进行数据清洗与过滤，在进行数据整合操作后导入主数据库中。数据同步机制确保应用系统数据和主数据库中数据具有一致性，为图书馆大数据应用提供了安全、高价值密度、可控和易用的数据支持。

## 三、高校图书馆大数据整合策略

### （一）实现数据中心 IT 基础设施架构的高效整合与优化

据国际调查和研究公司（IDC，International Data Corporation）的研究表明，包含结构化和非结构化的大数据资源正在以每年 60% 的增长率持续增长，2020

年全球数据总量增长了 44 倍，总量达到 35.2ZB。因此，图书馆必须加强数据中心 IT 基础设施架构的高效整合与优化，才能统一图书馆系统异构平台和大数据资源模式，才能对具有海量数据、种类繁多、实时性强和低价值密度的大数据资源进行有效整合。

首先，图书馆数据中心 IT 基础设施架构的整合与优化，面临着风险控制、降低成本、节约能耗和质量保证的需求。因此，IT 基础设施架构的高效整合应以计算、存储、网络和数据备份设备的虚拟化整合为核心，以产品整合、信息整合和业务整合为目标，将系统资源划分为资源池的方式进行统一调度、使用，以减少 IT 基础设施设备的冗余量，提高总体使用率。其次，IT 基础设施架构的高效整合与优化，应坚持统一数据环境和统一数据架构的原则，确保图书馆可在统一整合标准、动态和透明的环境中，安全、灵活、快速地部署、支持、管理和无缝访问所有数据。再次，对于图书馆数据中心的用户服务器、数据存储集群系统和网络传输平台硬件等工厂基础设施的虚拟化整合，应坚持安全、高效、可靠、低碳和可扩展的原则，确保大数据资源整合平台可依据用户的服务需求，进行数据的访问、发现、清洗、集成和交付。最后，图书馆在数据中心 IT 基础设施架构优化中，应保证 IT 基础设施架构具备较强的灵活性、服务弹性和异构环境适应性，其可根据未来数据环境特点和整合需求进行灵活的扩展和伸缩，并具有智能、自动化的管理与维护功能。

### （二）大数据资源整合平台应具备较强的功能性和可控性

图书馆在大数据资源整合平台的设计和采购中，第一，应关注平台系统功能模块软件的开源性和独立性，确保系统功能强大、易于开发和成本低廉。此外，平台系统架构应具备高弹性和可扩充特性，用户可依靠其内嵌平台定制开发 Java、C ++ 等组件完成系统功能的扩充，以满足数据组合快速变动和提升整体绩效的需求。第二，整合平台在复杂的数据整合工作流程管理设计中，应采用工作排程的管理整合，将复杂的数据整合工作流程以创新的分布式架构执行。第三，按照用户服务的实时性划分，图书馆大数据资源整合平台主要整合两类数据。一类是数据海量但实时性要求不高的数据，主要为系统日志、用户行为数据、阅读关系数据、系统配置数据等。另一类是实时性要求高的数据，主要为读者个性化阅读即时需求、用户实时服务数据、读者位置信息、系统安全防范与实时控制数据。大数据整合平台应具备对数据重要性和实时性优先级别的判定功能，在数据整合时可根据数据的实时性判定等级划分顺序进行整合。第四，图书馆在大数据资源整合平台设计中，应注重利用原有关系数据库系统在处理结构化数据方面的效率优势，并在此基础上加强系统对非结构化数据和流数据的整合，在不影响数据整合功能性和可用性的前提下，大幅度降低系统设计的成本投入。第五，图书馆应加强大数据资源整合平台数据输入和输出接口的智能化管理，确保平台输入端可识别数据的类型和整合需求，并将拟整合数据快速、准确地发送至恰当的处理模块进行处理。同时，处理后的数据应自动发送至主数据库和相关应用数据库进行保存和使用。

### （三）利用云计算技术确保数据整合的高效和经济

随着服务模式的变革和用户需求的不断发展，图书馆总数据量将呈现海量和级数增长的态势。依靠增加 IT 基础设施设备数量、提升数据处理和存储的性能、增强数据存储和搜索的科学性、降低用户服务 QOS（Quality of Service）标准等方法，已经不能有效解决未来复杂的大数据环境下大数据资源整合存在的问题。因此，图书馆必须依靠云计算的技术支持，为大数据整合提供安全、高效、经济和可靠的云服务保障。

根据数据的重要性和对图书馆用户服务质量影响力的大小，大数据资源可划分为服务系统运营与安全监控数据、用户个体特征与社会关系数据、用户阅读需求与行为隐私数据、用户位置信息与行为预测等高安全级别的数据，以及系统运行日志、阅读服务数据、用户群需求数据、服务环境分析数据和客户关系保障等安全级别低的数据。这些大数据资源具有数据总量增加快、时效性强、存储与搜索难度大等特点。因此，图书馆必须将云计算技术与大数据整合需求相结合，才能确保数据整合的高效和经济。

首先，图书馆应根据自身的经济实力、技术水平和大数据整合需求，采用自建私有云和租赁云服务商服务的方式，依靠外部云数据托管系统来存储和备份他们的数据，以减少 IT 基础设施硬件、软件系统建设和数据整合成本。其次，图书馆应将安全级别较高的数据存放在私有云中，如果因经济与技术实力等原因必须存放在公有云中时，应与云服务商签署科学、详细的数据存储、维护和灾难恢复协议，明确双方的权利和职责。再次，云服务商对图书馆用户进行身份识别和权限认证后，应提供相应的大数据资源 Web 远程访问、管理、部署和备份功能，保证大数据资源整合与管理过程安全、灵活、经济和便捷。最后，所构建的云数据库应具备较强的数据管理、搜索、分析和依据用户需求构建数据模型的功能，不能影响已整合数据的查询、下载和应用效率。

### （四）以图书馆大数据服务 QOS 保障为目标

读者作为图书馆个性化服务的承载者，具有较强的社会属性。因此，图书馆大数据服务的模式、内容、方法和途径也应具有较强的社会属性，大数据整合应以用户大数据服务的 QOS 保障为目标。

首先，大数据整合应有效保障图书馆运营从大生产向大服务的转型。图书馆应依据大数据资源的整合优势，将读者服务竞争力从传统 IT 环境下以数据中心硬件设备运营性能的竞争，向大数据环境下图书馆大数据分析与决策能力的竞争转变，准确、快速和适时地分析、判断读者个性化阅读需求，依据读者阅读需求变化为其提供相应的大数据个性化服务产品。其次，大数据整合应以优化图书馆服务流程、提升服务速度与时效、提高营销管理效率和个性化用户服务相关性为目标，将不同终端设备采集的大数据资源进行科学整合。再次，大数据资源整合应以提升图书馆业务的挖掘深度、服务针对性、用户感知能力和用户对服务产品的适应性为目标，实现大数据库内部数据和服务资源的整合，最终完成以用户大数据分析结果为依据，实现用户服务内容和模式的定制与推送。最后，大数据整合应以提升图书馆对读者阅读关系、阅读爱好、情绪与行为等数据价值获取的能力为目的，依据数据分析结果来判断所提供服务的准确性和用户适应性。此外，图书馆还可依据大数据分析结果，实现图书馆与第三方大数据商、服务运营商的跨界整合，扩展大数据服务的内容和质量。

### （五）统一系统数据架构和实现智能化整合

首先，在构建统一的数据环境时，图书馆会面临系统管理与用户服务过程中产生的各种新型数据类型和系统。这种新型数据类型与系统的多样性会严重影响大数据价值发现、挖掘、分析与提取的有效性，也严重影响图书馆服务能力和业务洞察力的提高。因此，图书馆的大数据资源整合必须首先实现系统数据架构的统一与标准化。其次，在大数据资源整合平台构建中，平台系统设计者应保证系统平台模块之间的数据连接器可以安全、高效、透明、无缝地实现数据的输入与输出。同时，平台系统可以根据主动监控事件和安全预警来识别风险和系统故障，并通过反馈控制进行智能化的安全管理和安全事件报警。再次，大数据整合平台应拥有统一的管理界面和较低的系统复杂度，具备较高的系统运行效率与数据加载能力，可辅助管理员智能化地管理、分析海量的结构化、非结构化及多种结构化的数据。最后，大数据整合应以图书馆服务能力的提升和用户需求为核心，以低碳、环保为目标，通过优化、整合软硬件平台系统，实现大数据资源的高效、“绿色”整合。同时，图书馆还应加强大数据资源整合过程中的法律和制度保障，以及图书馆在大数据备份、存储、使用和共享过程的安全管理，并执行符合大数据资源整合生命周期管理的应用策略，确保大数据整合过程的可管、可控和可监督。

大数据时代，数据结构的科学性、可共享性、价值量和易操作性，是关系图书馆系统运营安全性和效率、用户服务模式与内容变革、服务能力提升和客户关系管理有效性的重要因素。如何构建科学的 IT 基础设施架构和采用科学、合理的策略，对低价值密度、海量、无序和分散的大数据资源进行采集、清洗、转换和整合，使数据资源结构合理、高价值密度、可管理和易用，是图书馆获取新的市场洞察和预测分析能力，科学匹配、优化服务资源和满足读者个性化需求的关键。

因此，图书馆必须以提高读者个性化服务保障力和大数据资源的价值总量为目标，构建科学的大数据整合、管理平台和服务资源整合体系。同时，图书馆应结合用户服务系统的保障需求与特点，仔细分析图书馆大数据资源的结构特征、价值属性、可控性和可用性，并对不同数据源、数据格式、性质和应用对象的数据进行高效整合，才能增强数据之间的关联性，消除信息孤岛和提高知识发现的广度与深度，为图书馆用户服务决策的制定、系统管理与运营、服务资源的整体优化和客户关系管理提供可靠的大数据支持。

## 第二节　高校图书馆大数据可用性

大数据环境下，图书馆数据具有数据体量巨大、类型繁多、价值密度低和处理速度快等特点。根据维基百科对大数据定义：“大数据是由于数据规模、复杂性、实时而导致的，使之无法在一定时间内用常规软件工具对其进行获取、存储、搜索、分享、分析、可视化的数据集合。”由此可见，大数据环境下图书馆数据的价值密度、价值数据的可提取性、已提取价值数据的可用性，成为图书馆数据整合、分析、探索和挖掘的重要内容。同时，也是图书馆有效变革用户服务模式和服务内容，不断提高新业务价值、服务竞争力、读者忠诚度和扩展读者群数量的关键。

## 一、高校图书馆大数据环境特点与价值可用性定位

### （一）数据结构呈现异构和低价值密度性

大数据时代，图书馆数据的结构类型从传统的以结构化数据为主，转向结构化、半结构化、非结构化三种数据的融合。数据结构的复杂性伴随数据量的增长而不断增加，对图书馆数据中心数据处理的模式和效率提出了较高要求。同时，数据源由单一性向多样性转变。数据产生、采集、存储和处理的方式，与图书馆对数据的复杂度、价值性、处理效率和时限性需求相适应，具有较强的灵活性、多样性和易变性。此外，大数据时代图书馆虽然拥有庞大的数据量，但整体上数据具有较低的价值密度，导致图书馆数据存储、处理和挖掘成本较高，对图书馆大数据环境有用数据的挖掘、过滤和价值发现提出了较高要求。

### （二）图书馆大数据环境数据清洗难度大

大数据时代，图书馆数据呈现海量激增、垃圾数据多、污染重和利用难的特点。从数据价值和可用性角度分析，这种海量激增的数据，不一定代表图书馆有用信息量或者价值数据的增加，有时候则意味着信息垃圾的泛滥。

图书馆通常会从多个数据源采集数据，多个数据源所采集数据的价值性、可用性、可管性和价值密度可能会具有较大差异。如果对海量数据不进行价值挖掘和数据清洗就直接使用，则会导致数据分析与处理难度增大、可用性降低和使用成本激增。此外，在数据的信息清洗和价值过滤过程中，过滤标准的价值颗粒度大小也是决定过滤有效性的重要因素。如果价值过滤颗粒度过小，则有可能会将有价值的信息过滤掉，造成价值数据浪费。如果过滤颗粒度过大，则达不到数据的信息清洗和价值过滤需求，无法按照图书馆用户服务需求提供有价值的数据。图书馆大数据环境数据价值密度低的实际特点，也对图书馆数据中心计算性能、数据库存储与管理能力和数据处理方法提出了更高要求。

### （三）读者保密数据和个人阅读隐私容易泄露

大数据时代，原始数据采集的数量、种类、速度和处理能力，是图书馆更好地利用数据价值提高服务能力和市场竞争力，不断增强客户群忠诚度和优化图书馆信息管理的关键。图书馆必须加大扩展数据来源，并对所过滤的价值数据进行科学处理和分析，才能通过科学决策来提升读者阅读体验愉悦感。读者数据主要分为两类：第一类是读者阅读活动所涉及的服务数据信息、读者在微

博或博客上发表的文章、读者向图书馆发送的阅读服务请求等公开信息。第二类是读者阅读活动的行为数据。比如，读者开展移动阅读等增值服务的内容、阅读活动的周期规律与行为分类、阅读需求评估数据等。图书馆可通过对读者阅读活动行为数据的分析，而获取读者阅读活动的内容、个人爱好、未来需求，以及与其他读者、微博服务器交换的数据信息，这些数据可能会导致个人隐私和保密信息泄露。因此，图书馆在加强读者群体阅读行为和内容分析的同时，应努力消除对读者个人阅读行为数据分析的针对性，是保护读者保密数据与阅读隐私的关键。

### （四）增强图书馆不同数据之间的价值相关性

首先，从图书馆的运营与服务职能出发，大数据的价值应通过对海量数据的采集、处理和分析，科学、准确地预测图书馆用户服务的需求和所面临的安全威胁、服务瓶颈，并对云数据中心的故障进行分析、判定与定位。同时，可精准地对图书馆营销服务与业务进行分析，并制定安全、高效的管理与运营策略来提高图书馆的系统运营效率和服务保障性能。其次，图书馆大数据的另一个价值体现，是通过海量数据的开放和聚合，大幅度提高图书馆海量无关数据的表面相关性，进一步提升大数据价值生态圈数据的整体价值。最后，图书馆应通过对海量无关数据的进一步处理、分析和判断，将数据隐藏价值和不同数据之间的相关信息价值进行再挖掘，不断提高大数据平台的数据价值增值。

### （五）对图书馆大数据进行准确定位

随着大数据时代图书馆数据的飞速扩展，读者服务对图书馆海量数据采集、存储、处理和分析的能力提出了较高要求。然而，受大数据系统平台建设资金与设备使用、更新周期等因素影响，图书馆数据中心系统的计算、存储、网络和管理性能增长的速度，远远低于大数据处理过程对系统性能需求的增长量。因此，在加强图书馆云数据中心系统资源调度、管理与分配的同时，应重点加强对关系图书馆安全管理与高效运营、图书馆管理系统与用户服务系统的优化、读者个性化阅读服务保障、用户服务标准未来发展与内容变革等重要数据的采集、处理与分析。

首先，应通过对数据驱动流程的科学管理、详细划分和优化，明确影响图书馆管理与运营流程科学性、用户服务系统整体运营性能、服务内容的有效性、用户服务效率与质量的评估指标，以及不同评估指标对评估结果的影响因子比例。其次，应加强对读者群阅读行为数据的分析，明确用户阅读需求和阅读习惯，为读者提供高效、经济的个性化推送式服务。最后，利用大数据与云计算技术对已采集的数据进行科学分析，得出关系图书馆运营、服务市场动态、读者群忠诚度评估数据，以及分析图书馆运营、管理过程所面临的安全威胁，制定出准确、细致的服务系统管理与用户服务策略。

## 二、高校图书馆大数据可用性面临的挑战与保障

### （一）图书馆大数据应用的价值定位

图书馆大数据具有生产要素性、数据恒温性、价值潜在性三个主要属性。数据已成为关系图书馆个性化服务产品生产、服务供应与推送、服务风险预测与规避、服务融合与变革的重要因素。同时，如何高效、合理地清洗数据，发现、挖掘数据的潜在价值，已成为图书馆大数据价值准确发现的前提。此外，数据结构复杂化和非标准化是图书馆数据环境发展的一个大趋势，如何有效整合结构化与非结构化数据、标准化与非标准化数据、单渠道与跨渠道数据，是增强图书馆数据开放性、可用性和准确价值定位的前提。

### （二）实现图书馆大数据平台价值数据的全面融合

图书馆必须加强与第三方增值服务商的数据共享，保证自身数据与其他数据源数据的有效融合，并不断增强数据对服务的需求分析和服务质量判定，才能实现图书馆大数据的全面融合，才能更有效地发现与挖掘大数据的价值。图书馆数据源的广泛性和可共享特性，是数据价值有效性和高可用性的保障。首先，大数据环境下，图书馆将逐步改变传统 IT 环境下单一为用户服务的模式。通信运营商、第三方增值服务商和图书馆共同为用户提供大数据增值服务，成为大数据时代图书馆用户服务模式发展的主要趋势。图书馆会通过与通信运营商、第三方增值服务商大数据平台的融合与共享，在大数据用户服务和市场竞争中占领制高点，为读者提供满意、持久和个性化的服务。其次，图书馆应加强大数据与读者服务的融合。管理员应根据图书馆大数据平台数据的类型、内容和价值特点，与图书馆用户服务业务需求、市场特点相融合，确保图书馆的大数据采集、存储、处理、分析和决策平台接口标准化，不断提高大数据价值发现、挖掘和使用过程的灵活性和可控性。最后，必须科学、高效、准确、快速地划分主数据。按照图书馆数据的重要性和信息流向划分，图书馆数据可分

为读者服务交互数据、系统管理数据和主数据三种类型。主数据主要关系图书馆核心系统管理、运营战略规划、账户与重要信息保密等，具有多系统共享、数据价值密度大和可处理性要求高的特点。因此，应提高主数据的价值性、可控性、可用性和经济性，才能确保读者服务安全、高效、易控和可扩展。

### （三）强化云计算对图书馆大数据平台的服务支撑与保障作用

图书馆大数据普遍具有的海量、数据结构多样性、价值密度低和处理实时性特点，导致图书馆大数据在存、管、用三方面矛盾突出。因此，如何有效利用计算技术在海量数据存储、管理、计算和网络传输中的技术优势，提高图书馆业务分析、管理和决策的科学性与有效性，是大数据时代云计算技术在图书馆应用需要重点关注的问题。

云资源多用户共享和动态分配是图书馆云数据中心的主要特点。首先，图书馆应利用云计算技术分布式的计算方式，提高数据在挖掘、存储、处理、分析、决策过程中的效率和精确度，为图书馆管理、运营和未来发展提供决策数据支持。其次，图书馆应利用云计算技术较高的服务可用性与服务快速交付特点，在大幅度降低大数据管理复杂度的同时，不断提高大数据资源的利用效率、价值可用性和数据清晰度。最后，图书馆必须建设具有较强安全性、可用性、可控性和经济性的计算平台，为图书馆大数据的应用提供可靠的实现环境。同时，应不断增强图书馆大数据环境的智能化管理水平，保证管理员可凭借图书馆业务数据的完整视图，而获得敏锐的图书馆用户服务未来发展洞察力，将数据信息价值有效转化为读者服务保障力。

### （四）大数据应重点关注读者的个性化阅读需求

根据读者阅读需求，为读者提供具有较高精细度和精确度的个性化阅读服务，是图书馆运营方式转变和服务模式变革的一个重要目标。大数据时代，图书馆数据获取具有极大的分散性和不确定性，如何准确划分用户数据类别和信息颗粒度大小，是准确掌握服务系统服务能力、读者阅读活动需求、图书馆与读者信息交互反馈效率和读者忠诚度，提高用户个性化阅读准确度和满意度的关键。

首先，图书馆在大数据平台建设中应避免数据孤岛现象发生，可通过与其他服务商数据共享而提高大数据判定与决策的准确性。依据大数据分析所获得的读者阅读需求信息，将所提供的服务产品与读者需求紧密结合起来，并根据用户需求变化对产品内容进行动态调整。其次，图书馆应通过用户行为监测、服务商之间数据共享、问卷调查、论坛、微博等方法，不断改进用户数据搜索和信息分析的方式，提高服务对读者群覆盖的广度和深度，确保图书馆个性化服务的判定、决策和推送过程的智能、即时。最后，在对读者阅读行为数据和保密信息采集、分析时，加强对读者阅读隐私和重要数据的保护，是提高用户对图书馆信任度的关键。此外，在加强读者隐私数据访问权限和内容管理的同时，图书馆还应重点关注服务系统的安全和重要数据的加密工作，防止隐私数据被窃取、截获和篡改。

### （五）利用大数据技术预测和降低图书馆运营风险

随着图书馆读者阅读需求的发展和服务模式变革，数据中心 IT 基础设施的运营、管理复杂度快速增长，读者阅读活动和图书馆运营服务面临着较大的风险。如何有效利用大数据技术，对读者和图书馆采用模式识别、回归分析、文本分析、社会数据聚集和情感分析等方法，开展全方位的阅读与运营活动风险监控、预测和防范策略制定，是提高图书馆运营与读者阅读活动安全性的前提。

伴随着 IT 新技术的应用和服务模式变革，图书馆服务运营商和不同地区集团联盟之间的竞争与合作将进一步增强，专业化和垄断经营成为未来图书馆服务发展的主要趋势。因此，如何利用大数据分析算法准确分析竞争对手在图书馆管理方法、服务内容、运营模式和成本控制方面的优势，并防止核心数据被非法用户和竞争对手获得，是图书馆管理者提高自身服务能力和市场竞争力的关键。此外，在图书馆建设与服务过程中，利用大数据技术提高用户服务效率和降低运营成本，是增强图书馆市场竞争力的又一重要内容。管理员可利用大数据技术有效整合图书馆服务资源和优化服务流程，详细分析每一位读者的阅读习惯和需求，根据客户需求为用户提供个性化定制的服务项目，确保图书馆运营和读者阅读收益最大化。

随着大数据信息浪潮的到来，图书馆也迎来了读者的大服务时代，用户服务的内容从数据集成、管理向数据挖掘、分析与展现等方向全方位延伸。同时，图书馆业也面临着严峻的挑战与威胁。如何加强图书馆数据中心 IT 基础设施建设，提高数据的采集、挖掘、处理、整合、分析和决策能力，将数据资源高效转化为图书馆信息资产和生产力，已成为大数据时代图书馆业面临的重要问题。因此，图书馆必须树立以读者个性化服务质量和客户阅读满意度保障为中心的价值理念，以大数据应用和价值挖掘为中心，不断强化大数据管理平台的安全性、高效性、模块化和可扩展性建设。同时，应努力提高数据生命周期管理的智能化、自动化水平，确保图书馆具有较强的业务绩效洞察力和运营服务风险控制能力，才能有效降低图书馆大数据环境复杂度和提高数据的利用效率，才能真正为读者提供大数据环境下基于定制的个性化阅读推送服务。

## 三、高校图书馆大数据服务转型

“大数据”通常被认为是一种数据量很大、数据形式多样化的非结构化数据。从产业角度，常常把这些数据与采集它们的工具、平台、分析系统一起称为“大数据”。大数据的真正意义不是数据量大，而在于应用，对用户的行为习惯和喜好进行充分挖掘，从凌乱纷繁的数据背后找到更符合用户兴趣和习惯的产品和服务，并对产品和服务进行针对性的调整和优化，这才是大数据的真正价值。

在大数据时代，图书馆传统的资源服务也面临着资源的重组与服务的转型。传统图书馆的资源服务主要以馆藏文献为基础，以到馆读者为服务对象，以藏书利用为中心，提供固定的、静态的服务模式，服务方式为一对一进行，主要以馆员与读者直接交流，服务时间和空间也受到限制。在大数据背景下，图书馆资源服务的环境、条件以及内容等都发生了巨大变化，图书馆要适应这些变化，必须增强创新服务的意识，进行图书馆资源服务的转型。

### （一）转变服务理念

图书馆开展资源服务常会陷入思维的牢笼，即以图书馆及其资源为中心的理念，以组织馆藏、提供自己资源为核心，对无法被自己馆藏资源及自己能力所对应和满足的需要就心安理得地排斥于自己的任务之外；另一个思维定式是以文献检索和传递为中心的“检索观”，机械地把用户需求等同于文献检索，把图书馆服务局限于根据用户明确需求提供明确的文献，把不清楚的需求、无法用文献来表达的需求等都排斥在自己的工作之外。

用户需求始终是图书馆资源服务的出发点和落脚点，用户的信息需求包括定性需求和隐性需求。在大数据背景下，图书馆仅仅凭借组织馆藏资源和满足用户显性需求显然不足以实现自己的价值，资源服务的理念应当从“检索观”转为“利用观”，即以用户需求为导向，充分挖掘和利用各方面的资源和能力来满足用户对信息的各类需求，在满足用户显性需求的基础上，最大限度地使用户释放其潜在的隐性需求。

### （二）更新服务内容

目前，图书馆资源服务的内容主要还是以馆藏资源为基础，包括馆藏的实体文献资源和数字资源，资源内容比较单一。在大数据时代，大量半结构化数据和非结构化数据的出现，为图书馆资源服务提供了多样化的内容，从大量的数据中分析其潜在的价值将成为图书馆的一大主要业务，也体现着图书馆的发展水平和方向。

为此，图书馆资源服务的内容应当从"提供给用户馆藏文献"发展为"帮用户获取馆内外信息"图书馆开展资源服务要基于用户需求，对丰富的馆外信息资源进行有目的的开发组织，充分挖掘各类资源的潜在价值，建立资源数据库，这一方面可以有效地弥补馆藏资源的不足，同时，将一定范围的各类信息资源集中起来加以整理开发，形成具有一定特色的馆藏，可以满足用户的个性化需求。

### （三）拓展服务方式

传统图书馆的服务方式大多停留在馆藏文献资源借阅和电子文献资源的网上检索，服务方式单一，远不能满足用户日益增长的信息资源获取的需求。网络技术的发展，彻底改变了图书馆传统的服务方式，各种网络平台、微信、微博以及移动客户端等的出现和发展，为资源服务提供了新的方式和手段。如浙江大学图书馆推出了图书馆微信公众平台服务，用户通过"浙大图书馆"微信公众号，就可以及时了解图书馆的活动安排、数字资源及图书推荐等。图书馆借助各种新型的网络平台开展资源服务，能吸引更多的用户来使用和参与，同时，在与用户互动、交流的过程中，可以引导开发用户的隐性需求，不断提升对用户的贡献力度技术的改变及用户服务要求的变化推动着图书馆服务的变迁，大数据时代的图书馆资源服务策略经过大量数据的采集、组织、分析和决策而来，因此，资源服务更具有针对性和鲜明性，资源服务的手段、方式和途径等也会随着图书馆资源服务策略的调整而改变。

## 四、高校图书馆大数据创新服务策略

高校图书馆作为学校的信息资源中心，在教学活动和科研工作的开展过程中，发挥着重要的促进与保障作用。图书馆不仅是文化知识和信息的集散地，更是高校师生进行知识结构的自主更新与优化的重要场所。在大数据时代，数据种类日益繁多，各类信息资源日益庞大且迅速增长，传统的、单一的馆藏资源服务已不能适应用户日益提高的服务需求，高校图书馆必须根据用户的服务信息等数据做出相应的服务策略转变，对大量数据资源进行分析并挖掘其潜在价值，将馆藏资源之外的其他信息资源纳入图书馆资源创新服务的体系中来，为广大师生获取知识和教学活动开展提供丰富的资源保障。

### （一）配合学校教学需求和发展，建设课程教参资源库

高校图书馆是学校教学科研的重要支柱，课程是高校教学的基本单元。

课程资源作为一种信息资源，具有图书馆收藏和用来提供给用户服务的所有属性，是图书馆资源服务的重要内容。随着教育资金的投入和教育规模的扩大，各高校对教学质量的要求也明显加强，作为教师教学参考用的图书更是高校教学部门的一项重点，但对于教学教参的管理却一直是高校管理的软肋。目前，高校的课程教材大多由教学管理部门或课程负责人管理，由于缺少专业的信息资源管理经验，在数据规范、编目检索以及对外服务平台等方面存在着明显的不足，资源利用率较低。

高校图书馆作为全校的信息收集、加工整理中心，除了加强传统纸质文献资源的建设外，还应加强引进和开发适合本校教学科研用的教学资源库，为学校教学、科研提供强大的资源保障。随着网络的迅速发展和知识经济的兴起，教材教参数据库以其便捷的检索方式和海量的存储信息越来越受到高校教师的青睐。

近年来，一些高校系统及图书馆都在着手建设教材教参数据库，如江苏省高校文献保障系统数字图书馆建设子项目之一的江苏高校教学教参服务系统，构建了江苏高校教材及教学参考书的制作、服务平台，建设覆盖江苏省高校主要课程的教材及教学参考书数据库，以加强江苏高校教学信息和教学业务的交流，该平台集合了教材、教学参考书、精品课程、多媒体教学等资源内容，课程教参资源库建设为高校教学质量的提高和优秀教材教参的保存提供了良好的平台，应成为高校图书馆资源服务的一项重要内容。

### （二）开发校园信息资源，建立各类特色资源库

图书馆作为资源服务的窗口，搞好资源服务的关键在于开发各类信息资源。高校图书馆主要面向教学科研服务，广大师生是其主要的用户群。图书馆必须根据学校的性质和专业特色，介入校园文化生活，利用优质的资源服务，使其

成为校园文化活动的重要阵地。高校丰富的校园信息资源，包括学术讲座、报告，相关的视频、文字、图片等，都是学校教学科研的重要资源，但由于分散在各处，不能充分利用。因此，有效组织、整理这些非结构化的信息资源，建立特色资源库，提高校园信息资源的利用率，是高校图书馆资源创新服务的一大方向。

讲座资源。随着我国高等教育的发展，各高校在实施规模扩大、跨越式发展战略的同时，加大了内涵建设的力度，采取多种措施以提升学校学术层次，营造校园学术氛围，举办各类学术讲座就是其中的措施之一。高校本身具备举办讲座的天然优势，讲座又以其独特的文化关怀，给受众带来视野的拓展、问题的澄清以及心灵的滋养等优势，在高校的学术交流活动中备受欢迎和关注。高校学术讲座面向全校师生和科研人员，讲座类型包括专业学术讲座、人文素质讲座、图书馆讲座等。

讲座资源对教师而言是同行交流、学术借鉴，对学生而言是大师提携、知识升华，更重要的是讲座内容中既有隐性知识又有显性知识，让听众在更大范围、更深层次上获得所需的知识，是高校非常宝贵的智力资源。但目前存在某些高校在加强学术交流的同时，不注重对学术交流的管理，致使许多学者的讲座资源流失，广大师生与之失之交臂，造成资源的浪费。

高校图书馆作为高校文献信息保障中心，有承担讲座资源管理的责任，应高度重视对讲座资源的收集、整理和应用工作，加强对讲座资源的开发利用、共建共享。讲座资源开发与共享的目的在于突破讲座现场的时空局限，进一步扩大讲座的受众面，使讲座产生更加广泛而深远的影响。随着高校文化建设的加强，一些图书馆开始注重讲座资源的开发和组织，如北京大学图书馆将“北大讲座”作为一项数字特藏资源，其中汇集国内外名人、学者在北京大学所举办的一些讲座，以及各种专题的系列讲座等，提供了丰富的讲座资源及相关的视频信息。

视频资源与传统的文字资料相比，视频资源以其丰富的信息承载能力，基于多媒体技术的图文并茂的直观展现方式，受到越来越多用户的青睐。作为数字化知识环境的重要组成部分，视频资源拓展了传统图书馆的服务内容，以图文、声情并茂的形式愉悦丰富用户的学习生活。

高校的视频资源内容涉及讲座资源、课程资源以及其他多媒体资源等，具有教育性、学术性、娱乐性、权威性、时效性、知识性、适用性等特征，深受用户的欢迎。高校图书馆应充分利用这一优势，不断提高视频资源的学术性和专业性，利用校园文化丰富且层次高的优势提供知名学者的演讲、讲座及优秀教育视频等，使其成为高校文化生活的一部分，不断提升流媒体服务在用户中的影响力。

图书馆组织视频资源建设的核心在于构建一个有针对性、有特色、成规模的视频资源体系，把分布在各种媒介上的大量的视频资料有目的、有计划地系统收集和组织起来，通过有效的系统平台提供给用户使用。通过建设图书馆视频特色资源，建立新型的高校图书馆网站资源，为用户上网利用图书馆数字资源提供新途径和新亮点。

图片资源。图片资源是能够形象、准确地反映某一地区政治、经济、军事、文化、民族、宗教、建筑、人物等各方面社会生活的图形资料。它不仅包括舆图、传世老照片，还包括其他类型的图形文献，如绘画、书刊、插图等，同时包括经图像化处理以图像形式存在的形象资料，如书法、碑刻、古籍等。图片资源与其他类型的文献资源相比，给人以直观、具体、生动的视觉形象，同时具有客观性。高校图书馆作为文献收集、开发、利用的集散地，应立足于学校本身，对学校教学与科研、学术交流、学校建设及重大活动等图片资料，以及一些老照片、珍贵记忆图片等进行收集加工整理，形成系统化的有特色且便于利用的信息资源。图片资源往往具有分散性，因此建设相关的专题图片数据库是开发利用图片资源的最佳途径。

此外，其他一些资源（如名人特藏、拓片资料、科研数据等）都是图书馆资源创新服务的特色内容。作为为全校师生和科研人员服务的高校图书馆，应发挥其资源组织与整理的优势，对各类资源信息进行充分的挖掘、开发，加强特色资源建设，提高资源的利用率，为学校教学和科研提供一个网络化、数字化、知识化的信息平台，以满足用户的各类需求。

## 五、高校图书馆大数据服务问题及建议

### （一）知识产权

知识产权问题一直是困扰图书馆数字化资源的关键问题。高校图书馆在开发视频资源、讲座资源，以及课程资源等工作中，无一例外会涉及知识产权问题，如果处理不恰当很容易侵犯著作权人的合法权益。在大数据时代，图书馆的数

据分析收集了很多用户信息，包括个人信息、搜索历史、地理位置等，这些也都会牵涉到用户的隐私问题。

因此，高校图书馆在组织各类信息资源时，应主动利用法律法规中的“合理使用”条款，积极促进知识产权保护，从而最大可能地合理使用资源，达到既做好资源建设又为用户提供优质服务的双重目的。如开发利用讲座视频资源时，应充分尊重主讲人的知识产权，包括在讲座现场摄录，后期对讲座文稿出版、录音整理、编辑，以及在更大范围内传播讲座资源等，事先都应与主讲人签订授权协议，取得主讲人的同意和授权许可，方可使用。同时，开发网上视频资源时，要注意作品的完整性，以保障作者的署名权、修改权和作品完整权。

在处理用户数据信息时，应使用户拥有知情权，解除用户对于个人隐私的顾虑，让图书馆能够合法合理地采集数据信息，为数据分析提供保证。

### （二）技术问题

高校图书馆在开展资源创新服务时，需要进行专门的数据库建设以及网络平台的搭建，以实现各类资源的存储、组织和展示等。由于各类新资源不同于传统的馆藏资源建设，描述难度较高，因此在建立数据库时会面临一些技术难关，如各类资源的组织、整合、检索等，都存在着一定的技术瓶颈。同时，关于资源的标引、著录以及资源展示平台的接口、协议、标准等，无一例外都涉及技术问题，这些问题得不到解决，就会成为图书馆开展资源创新服务的一大障碍。

为此，高校图书馆在开发利用各类信息资源时，应进行统一规划，并由资源建设部门与技术部门、数据公司等相关部门、人员一起协商、沟通，就开展特色资源建设中涉及的元数据组织标准、数据库建设、平台搭建、架构设计等问题进行统一协调，沟通协作，以保证资源创新服务工作的顺利实施。

### （三）后续服务

图书馆的信息资源建设与服务是一个可持续发展的过程，然而很多图书馆的资源建设尤其是特色数据库的建设最终都走进死胡同，资源未能得以充分利用，造成极大的浪费。为此，高校图书馆在开展资源创新服务时，应保持资源的后续服务。一方面，在数据库建成后，应坚持数据的修正、数据维护和数据更新，对数据库建设中出现的一些错误以及由于网络信息资源的变化而产生的无效链接及时更正，以避免数据库成为数据孤岛或死库。另一方面，在软件平台的搭建上，不仅要保证资源展示内容及时更新，还应能体现社交网络特色，实现与用户的及时互动、交流，通过吸引更多的人来参与和交流，让资源检索活络起来，从而使资源真正被充分利用起来。

每一种技术的出现及时代的诞生，都将影响或革新图书馆的服务，用户也会随着社会的变迁而产生更新、更高的服务要求，大数据时代也是如此。在大数据时代，面对日益多样化的数据来源、庞大复杂的半结构化和非结构化数据，作为高校信息交流中心的图书馆，从大量的数据中去分析其潜在的价值，大力开发和充分利用各类信息资源，开展资源创新服务，最大限度满足用户的信息需求，将成为高校图书馆信息资源服务的工作重点。

## 第三节　高校图书馆大数据资源共享

随着社交网络、物联网等新型技术的兴起，大数据时代的到来，学术界、工业界、政府机构都开始关注大数据问题，人类已经进入了以深度挖掘数据价值为核心的大数据时代。人们可以通过对大数据之间的关系进行分析，得出准确的结论，从而做出科学的决策。同时，人们还可以通过分析海量数据来预测某件事情发生的可能性。高校图书馆拥有海量的数字资源优势，如果借助大数据发展，可以进一步推动数字资源建设，为用户提供更好的信息服务。为此，应探讨如何利用大数据思维和技术解决高校图书馆数字资源共享问题。

### 一、高校图书馆联盟的数字资源具有大数据特征

一是随着高校图书馆数字化建设的深入以及在 Web2.0 时代用户对高校图书馆的文献资源数字化需求的提高，单个高校图书馆的数字资源虽然不具备具有了“大数据”的特征，但高校图书馆联盟的数字资源已经具有了“大数据”的特征。二是高校图书馆的数字资源总量在不断地增长中，伴随着高校图书馆的数字资源用户的增加，用户信息以及访问信息，高校图书馆对用户进行服务的信息也是在不断产生非结构化数据，高校图书馆联盟的数字资源和服务信息产生的非结构化数据是个海量的数据集。三是随着信息技术的发展，用户对高校图书馆数字资源的信息服务的要求也在不断地提高，不再仅仅局限于对数字资源的查询、查找等一些常规的信息服务，转向更深层次的对数字资源的数据

挖掘与数据分析。高校图书馆联盟必须根据用户的需求做出数字资源的信息服务策略的改变，以迎合用户对数字资源的信息服务要求。

## 二、大数据时代高校图书馆数字资源共享的优势

### （一）数字资源优势

大数据的主旨思想是将分散的数字资源集中起来，从中进行数据挖掘和分析，发挥其数据量大的作用。高校图书馆数字资源包括电子图书、电子期刊、各种数据库、音视频资源在内的海量数字资源。单个的高校图书馆的数字资源达不到大数据的标准（1PB 以上），但对于高校图书馆联盟，大数据的范围是高校图书馆联盟的全部数字资源。在大数据时代，要对高校图书馆联盟的全部数据进行分析和利用，利用云计算和可视化技术得出精确的结果，并预测未来趋势。

### （二）海量数据产生的优势

用户对高校图书馆数字资源的使用，产生许多的交互数据，使得高校图书馆的非结构化数据快速增加。移动图书馆为高校图书馆的数字资源提供了基于移动网络平台的信息传输途径和服务渠道，同样，以微博为代表的个性化信息服务，都会产生大量的交互数据。将这些数字资源分布在不同的高校图书馆管理系统中，形态不同，组织方式各异，各种数字资源整合在同一个云平台中，而云计算技术为大数据的发展提供了技术支撑，云计算技术突破了传统图书馆发展的局限，通过云计算技术把这些数据集中起来，形成高校图书馆联盟大数据的数字资源体系。同时，云计算具有超强的数据处理能力，并具有对数字资源进行动态分配的能力。

### （三）技术优势

云计算技术已在高校图书馆得到应用，而大数据的处理以云计算技术为基础。应用云计算技术中的虚拟化技术可屏蔽服务器、网络、存储等物理设备间的差异，可解决物理设备之间无法共享的问题。将高校图书馆联盟现有的硬件设备整合在一起，对硬件设备进行统一调配。利用云计算技术中的虚拟化技术将各高校图书馆的硬件设施都利用起来，降低了高校图书馆联盟的硬件建设成本，为实现数字资源共享提供硬件保障。借助云存储技术，将分散存储在不同高校图书馆的数字资源进行整合与存储，数字资源由云端统一存储和管理，同

时，将用户需要的数据进行动态部署，加快了信息服务的进程。采用合理的网络协议，对云计算网络进行严格监控，并由高校图书馆联盟的技术管理人员进行统一管理、维护和监管，提升高校图书馆的数字资源的安全程度。

## 三、大数据时代图书馆数字资源共享问题解决策略

在大数据时代，要解决好高校图书馆数字资源共享问题，我们应探讨高校图书馆的数字资源共享的建设策略、运行策略和安全策略。

### （一）大数据时代高校图书馆数字资源共享的建设策略

大数据共享建设是一项有规划和有可持续发展机制的系统化工程，必须有良好的建设策略。为此，高校图书馆数字资源共享需要根据大数据时代的要求，高校图书馆联盟要建立大数据管理机构，其功能主要有：主要负责制定和发布大数据建设和数据共享细则、标准；负责数据存储，以及处理数据版权事项等工作；负责数据的管理、使用和分析等工作。同时，各高校图书馆设立大数据基层管理部门，这是大数据组织机构的基层管理单位，主要负责落实高校图书馆联盟数据管理机构对大数据的规划和要求，组织本图书馆完成基础数据的收集、录入、审核等工作。同时，在高校图书馆联盟数据管理机构指导下统一进行数字图书馆建设与管理，从而整体推进高校图书馆数字资源共享建设和技术架构。

大数据技术是指从各种类型的大量数据中，快速获得数据中有价值信息的技术构建图书馆。大数据技术架构，研究解决大数据采集、存储、处理、分析和应用的相关问题。搭建合理的大数据技术架构是基础性工作，也是整体性工作，大数据技术架构，自底向上，第一层是大数据的采集工作，即对结构化、半结构化、非结构化数据的采集；大数据技术架构的第二层是大数据的存储工作，可以采用云存储等技术对数据进行存储；大数据技术架构的第三层是大数据处理工作，即大数据的集成、数据建模、重复数据删除、数据加密、数据备份等工作；大数据技术架构的第四层即大数据的应用，包括信息检索、数据挖掘、数据可视化、学科化服务、知识服务等。

高校图书馆联盟要建设统一的大数据平台，对各高校现有的数字资源进行整合，进行统一的管理和调配。大数据平台数字资源的采集上要充分利用云计算技术，整合各高校图书馆现有的网络、硬件设备和数字资源，初期对分散在各高校图书馆的数字资源的数据进行抽取和索引，数字资源存储在各高校图书

馆，随后逐渐将数据存储集中到大数据平台，最终建立一个为各高校图书馆保存数字资源、数据查询、分析数据提供强大的云端平台。大数据平台采用面向服务的架构，将各类数字资源以按需获取、个性化定制的信息服务形式提交给用户，有助于解决高校图书馆数字资源建设中存在的诸如资源利用率低、信息孤岛、数据安全等问题，促进高校图书馆数字资源共享，为需要数据服务的用户提供信息服务。

### （二）大数据时代高校图书馆数字资源共享的运行策略

数据是大数据平台的基础，数据的规范性、准确性以及及时性的更新，对高校图书馆数字资源共享大数据平台作用的发挥着重要影响。所以，要建立制度化、系统化的数据维护规则，确保数据来源、审核和使用的各个环节有序进行。

技术运行方面。技术运行维护的对象主要是高校图书馆联盟数字资源的硬件设备、软件系统和数据保存。对硬件的采购，要制订性价比高的采购计划。在日常工作中，重视对硬件的维护，同时，建立灾害备份管理中心，以确保大数据平台运行安全可靠。软件系统方面，要对数据管理系统的使用的友好性、管理数据的方便性，数据运行的快速性等进行及时评估，听取管理者和用户的反馈意见，以便对系统进行升级或更换，优化运行效率。数据保存维护方面，要注意数据存储与使用的合理分配，即保证数据存储的安全和快速，确保用户查询数据高效。

准确网络运行方面。在建立统一的高校图书馆联盟大数据平台的基础上，利用技术力量对网络进行维护，加强对大数据平台的网络管理，建立网络规划，并组织精心实施，避免因网络的重复建设，而导致人、财、物的浪费。同时，建立网络监控技术系统，对网络运行中存在的问题及时发现，及时维护，避免因网络的问题而造成数据丢失或数据查询困难。

绩效管理和评估反馈方面。建立绩效评估机制，对大数据平台的使用效果和情况定期进行评估，防止因各高校图书馆各自的利益而消极规避高校图书馆数字资源的共享，确保各高校图书馆的数字资源共享长期开展，因此，建立绩效评估机制也可调和各高校图书馆的利益矛盾。建立评估反馈制度，高校图书馆联盟管理机构要对大数据平台的数据的使用情况和安全性进行监控，定期提出指导意见，并进行反馈。同时，大数据管理机构要收集各高校图书馆和用户对大数据平台的反馈意见，发现问题要及时研究，找出解决问题的方法，及时进行修正。

### （三）大数据时代高校图书馆数字资源共享的安全策略

在进行大数据平台建设时需要从国家层面制定数据的安全法规，对高校图书馆联盟数字资源共享安全进行法律保护。同时，对建设大数据平台标准的安全运行机制、数据标准等进行统一规定，规定的越详细，操作性越强，越能减少高校图书馆成员在沟通中产生的歧义，以便数据运行安全平稳。还要制定高校图书馆联盟数字资源安全检查的制度，从而对高校图书馆联盟的数字资源的保护有章可循，确保在制度上减少对高校图书馆联盟数字资源安全的制度漏洞。

加强安全监控能力建设。加强日常对大数据平台运行情况的监测，对传输中的数据、正在运行的进程进行监控，共享的数字资源要进行定期安全扫描，确保运行状态安全。在建设高校图书馆联盟数字资源的大数据平台标准的前提下，对大数据平台的各高校图书馆的节点配置安全措施，如果某节点出现安全报警，则将发生问题的节点与整体进行隔离，确保大数据平台的主体安全。同时，要对大数据平台本身的安全监控数据进行整理和分析，如发现问题，尽早采取相关处理措施。

提高数据安全防范意识。重视保护和挖掘大数据价值的同时，高校图书馆联盟的数据管理人员要具有保护数字资源的敏感性和责任感的意识。高校图书馆联盟的数字资源是一座巨型的宝藏，通过挖掘分析可以对学科的发展方向进行分析、评估和预测，对学科建设和发展将发挥巨大的作用。加强数据管理人员安全素质培训，培养数据管理人员安全的大局观，只有具备大局数字资源的安全意识，才能全面推动高校图书馆数字资源共享建设的科学发展。

大数据技术可以忽略数据类型、时间和空间的限制，从而建立高校图书馆联盟数字资源共享，实现数字资源的联通和集中。同时，通过数字资源共享，大数据技术可以大大提高数字资源的价值。利用大数据技术建设高校图书馆联盟建设大数据平台，实现高校图书馆之间的数字资源的共享。在大数据时代，高校图书馆联盟数字资源共享建设应从三方面着力：一是建立一套完善的运行机制。大数据建设是一项系统工程，必须建立一整套的运行机制，以促进数字资源建设过程中各个环节的有序进行，并搞好顶层设计，实现真正意义上的高校图书馆联盟数字资源的整合。二是制定一套规范建设的标准。制定各类数据的规范建设标准，实现各类数字资源管理系统的网络互联，为高校图书馆联盟数字资源共享奠定基础。三是搭建一个共享平台。有共享平台，才有数据流动和共享的舞台。

通过建立大数据平台，将各类数据整合与集成，实现各高校的数字资源共享。

# 第四节 高校图书馆大数据检索服务

## 一、高校图书馆检索困境

学者韩翠峰认为，大数据时代的到来将对作为社会中储存信息知识、提供信息服务的信息中心的图书馆形成冲击与挑战①。付蔚和王海兰找到的一份2002年的评估报告指出Google搜索引擎在一天半的时间内处理的问题要比全美所有图书馆一年所提供的检索服务量要多。而在2007年余金香等人做的文献统计，也支持了以上评估报告的结论，他们发现不少的调查研究都报道了大部分的用户包括学生、教师及专业人员查找资料时的首要信息源不是图书馆购买的商业电子资源或者联机公共检索目录，而是Google。造成这种结果的原因主要在于随着馆藏资源的日益丰富，学术资源种类繁多、数据量大、形式各异，不同的电子资源又往往分散在各自独立的数据库、检索系统和发布系统，这使得图书馆的学术信息资源比较分散杂乱，给读者检索和利用造成了许多不便，所以适时、有效地利用先进的学术资源检索技术是高校解决上述问题的重要途径。

## 二、现有检索技术及其优缺点

目前我国高校图书馆采用的检索技术主要有“联机公共检索目录”和“联邦检索”，现分别介绍如下：

### （一）联机公共检索目录

联机公共检索目录的英文为“Online Public Access Catalog”又简称OPAC，它通过计算机终端查询图书馆书目数据资源，为读者提供馆藏文献的线索和获取馆藏文献的便利。最早的OPAC系统出现在20世纪80年代，OPAC的初始设计是基于编目理论发展的印刷型世界，目录典型地揭示纸质书刊馆藏，延续了传统图书馆卡片式目录的构建思路，提供与卡片式目录相同的记录内容、记录格式和检索途径，随着网络技术的飞速发展，目前广泛采用的OPAC是第二代，它在检索点和网络功能方面做了改进。根据钱文丽和李亮先提供的调查，我们发现国内高校可供选择的OPAC的系统厂家有十几家，其中在我国“211工程”

① 韩翠峰. 大数据时代图书馆的服务创新与发展 [J]. 图书馆 ,2013(1):121-122.

院校使用较多的主要有国内公司开发的 libsys、ILAS 和 MELINETS 以及国外的 INNOPAC、A-LEPH 和 Web-Cat。

1. 联机公共检索目录的工作原理

OPAC 的工作原理主要分为三个层次，图书馆馆藏书目数据源与电子资源元数据一起构成数据层；业务逻辑层构建在数据库系统与客户端之间，为每一数据源的 MARC 元数据建立统一的文档类型定义，并通过该类型定义将各数据源的元数据映射成全局 XML 文档视图来进行整合；客户端在 OPAC 的基础上，经过一定的扩充修改后实现统一检索功能。

该系统可查询清华大学图书馆收藏的中英文图书、日文图书、俄文图书、中英文期刊和 1994 年以后入藏的日文期刊、多媒体资源、大部分英文电子期刊、学位论文和中英文电子图书，以及 7 个专业图书馆及部分系图书馆的馆藏。它使用命令语句并包含菜单导向检索，增加了关键词检索，更多地为用户显示数据库记录中的有关主题信息，有的系统还使用词组进行检索。此外，该系统更注重用户界面的设计，为用户提供更多的功能，如下拉式菜单、帮助功能、拼写错误校正、浏览查找、布尔逻辑检索、图形显示书目资料的排架位置等。更为突出的是突破了书目数据的限制，引进了期刊题录、文摘及情报数据等。

2. 对联机公共检索目录的评价

OPAC 系统的应用对学术检索的作用是显著的。首先，OPAC 为读者检索馆藏资源提供了一个统一的界面。其次，OPAC 的应用促使读者养成利用网络查询资源的习惯。最后，OPAC 的机读目录格式为揭示网络信息资源提供了可能。

当然，OPAC 也存在自身的局限，余金香和李书宁认为 OPAC 发展中存在以下问题：第一，书目记录之间的关联性不强，用户不易辨别和理解检索结果和各实体之间的关系。第二，文献单元应该从形式层面提升到内容层面上。第三，检索问题：失败率偏高、耗时，扩展检索能力不强①。2005 年 OCLC 在《对图书馆与信息资源的认知：给 OCLC 成员的报告》中提道：信息用户中“84% 的用户使用搜索引擎进行信息检索，1% 的人从图书馆网页上进行信息检索，只有 10% 的大学生认为，在通过搜索引擎找到图书馆网站后，图书馆的馆藏可以满足他们的信息需求”。由此来看，OPAC 技术还需要进一步改进，以便更好地满足读者检索学术资源的需求。

---

① 余金香，李书宁 .Web2.0时代OPAC发展研讨 [J]. 图书馆杂志，2007(8):31-35.

## （二）联邦检索

维基百科对联邦检索的功能定义为：它可将一个检索请求以合适的语法进行转换后发送到一组独立的数据库中，并合并检索到的检索结果以简洁统一的格式和最小的重复显示出来，同时能提供一个自动或者用户选择的排序方式对结果集进行排序。业界主流的联邦检索系统包括 Web Feat、Serials Solutions 和 Muse 系统。

1. 联邦检索的工作原理

联邦检索的工作原理是这样的：首先，它为每个数据库创建资源描述，随后选择满足特定信息用户需求的检索数据库，将用户提问式转译成适合所选数据库的检索格式，接下来合并检索结果并按用户需求定制个性化的排序方式将检索结果反馈给用户。

以 Meta Lib 系统为例，我们可以实现如下功能的检索。

第一，检索馆藏的纸质资源的电子目录。第二，检索图书馆购买的电子资源并提供全文链接。第三，检索 Google Scholar 等网络免费电子资源并直接反馈全文信息。第四，可以自定义不同资源进行整合检索。第五，读者在登录个人空间模块后该系统能提供个人检索的书目记录文档，也能提供个性化数据库集合定制检索，以及提供定期检索提醒服务。

2. 对联邦检索的评价

联邦检索技术与联机公共检索目录结合，让学术资源的整合检索更加便利，从而提高了学术资源的利用率。

尽管联邦检索系统具有自身的优势，但该技术还是不能根本解决检索平台间日益增长的复杂性和缺乏统一性等问题。联邦检索在使用过程中会存在着一些无法克服的困难，主要有以下几点：因在多个数据库中同时进行实时检索，这就导致了联邦检索的结果返回速度过慢；由于每次各个数据库反馈给联邦检索的结果有限（每次只能抓取 20 ~ 30 条结果），所以无法实现真正意义上的结果的相关性排序和去重；读者必须通过图书馆的认证系统才能实现检索功能；联邦检索并不能优化检索系统，其功能受制于本地数据库检索性能和搜索能力的局限。考虑到联邦检索技术功能的不足，陈家翠和张小琴认为以元搜索为基础的知识发现系统是下一次学术资源检索发展的方向。①

---

① 陈家翠，张小琴 . 高校图书馆知识服务动因探微 [J]. 四川图书馆学报，2006(6):52-54.

## 三、检索技术应用趋势

鉴于OPAC和联邦检索系统的不足，近年来，图书馆界一直在寻求一种数字资源的整合之道。为用户提供一个实现各类学术资源发现与获取的一站式解决方案，以提升用户利用资源的有效性与友好性，基于元数据预索引的网络级发现服务系统即是其中的佼佼者。据几大网络规模发现服务提供商统计，至2011年年底，已经有400余家美国高校图书馆和公共图书馆使用网络规模发现服务系统。近些年，被我国高校用户认识和采用发现服务系统主要有Summon、EDS（Ebsco Discovery Service）和Primo三个产品。

发现服务系统将图书馆的所有资源和馆外学术资源纳入了统一的架构和单一的索引体系，它事先为图书馆众多的本地和远程资源建立了一个集中索引仓储，用户通过一个类似Google的单一检索框检索这个仓储以实现资源的一站式检索，并且这些系统还会对检索结果进行有效的组织和揭示，以帮助用户发现最合适的资源，系统的稳定性方面也超越了所有以往的统一检索产品。因此，它是高校图书馆学术资源深度整合和便捷获取的发展方向。

目前的发现系统主要采用两种系统架构：纯“软件即服务”型（SaaS，Software-as-a-service）和混合型。纯SaaS型以Summon系统为代表，完全将元数据仓部署在云端，力求实现对于图书馆全部资源元数据的覆盖，并在此基础上构建一个完整统一的元数据索引。

混合型以Primo系统为代表，本馆馆藏和自建资源数据部署在本地，其他元数据部分在云端，目的是以馆藏和自建资源补充目前元数据仓储中元数据覆盖的不足。

两种模式各有利弊，混合型模式能更好地和图书馆原有的OPAC系统进行整合，而纯SaaS型模式能减少图书馆对学术资源维护的成本。

有关发现服务系统的功能，我们以清华大学图书馆的“水木搜索”（Primo系统）为例：

1. 在资源整合方面可以整合查询图书馆的各类馆藏资源，包括实体资源和数字资源，涵盖了本地拥有的资源、远程存取资源、书目、全文等。

2. 在检索方式方面，Primo提供了简单检索和高级检索两种模式，其中简单检索类似于 Google 的单一检索框，方便读者进行快速检索；高级检索则提供了“题名”“作者”“主题词”等 4 个检索字段限定栏，同时可以限定“资料类型”“语种”和“出版日期”等文献特征，同一字段内可以使用 AND、OR、NOT 进行逻辑检索，可使用半角双引号进行精确匹配，可使用截词符，不同检索条件间逻辑以 AND 逻辑连接，从而满足精确检索的需要。

3. 在检索结果提炼方面，提供了多样化的排序和分面分析功能。Primo 将检索结果按照相关度分值排序，与查询相关度最大的排在最前面，读者可以重新选择排序方式，可以按日期或流行程度排序；在分面分析方面，可以通过主题、文献类型、作者、出版来源和语种等十多个角度来提炼结果。多样化的结果排序和分面为读者筛选文献提供了便捷的通道。

4. 在结果获取方面，提供资源的一站式获取。每条记录的简单浏览界面会显示获取链接，结果界面提供直接查看馆藏的借阅信息、提供已购电子资源的全文链接并提供开放资源的 SFX 链接功能等。

此外，该系统还整合了个性化显示和 Web2.0 的功能，结果页面会显示与检索主题相关的百科词条，显示图书封面、目录、书评，并将不同版本或多个分册的图书书目记录合并为一条记录显示；它可以让人们联机协作与共享信息，用户参与互动，给系统提供的数据增值，用户可以为百科词条挑错，为记录增加标签、评论、打分，还可以发送检索结果至 EndNote 等。

当然，发现服务系统也存在一系列问题，主要表现在：国外的几大发现服务系统针对中文资源的目录签约度不高，导致并非所有资源都能实现全文检索；现有的资源发现系统尚不能很好地揭示不同资源条目之间的复杂关系。

针对以上问题，发现提供商和图书馆采取了部分弥补措施，例如，针对中文资源的访问瓶颈，EDS 和南京大学联合开发了 Fmd +，利用国内的合作团队开发中文目录资源；而某些高校采取的办法是在引进国外发现服务系统的同时，引进国内开发的中文发现系统。以西安交通大学图书馆为例，该馆在引进国外 Summon 发现服务系统的同时，购买了国内超星发现作为中文资源发现的补充。但由于版权的原因，现阶段要想实现所有资源的全文检索可能是一个不可完成的任务。在今后的研发过程中，发现系统如能更好地借鉴 FRBR（书目记录的功能需求）的思想，将会对资源条目之间的关系揭示带来改进。

大数据时代的“3V”：量级（Volume）、速度（Velocity）和多样性（Variety）

给不断加大学术资源建设投入的高校带来了严峻挑战，如何让文献检索服务得到广大师生用户的认同是实现大数据第四个 V（Value）的重要前提，而学术资源检索技术的采用又是文献检索服务得以实现的重要前提。每个新的检索技术的采用并不是对先前技术的全盘否定或者摒弃，而是以原有技术为基础的改进和增加，它们之间是整合协同关系。高校的学术资源提供者应关注检索技术的发展，了解各种检索技术的优缺点，结合用户的切实需求和使用习惯，及时引进新技术并科学引导用户对新技术进行利用，以达到高效利用学术资源的目的。

# 第五章 大数据时代下高校图书馆信息服务展望

伴随着互联网产业技术的进一步发展，数据将成为一个国家或地区的重要战略资源，大数据也成为与信息相关行业联系最为紧密的一个新概念。大数据理论与实践获得了迅速发展，对经济、社会的发展及人们的生活方式产生了深远影响。这既是业界发展的节点，为行业提供重大机遇，也对高校图书馆的管理和信息服务提出了新的挑战。面对外部环境的改变、技术革新带来的变化以及用户的变化，有关大数据与图书馆应用的研究已成为学术前沿和热点问题。图书馆界特别是高校图书馆也坚持不懈地关注和跟进信息技术的发展和应用，利用大数据来拓宽服务领域，预测需求趋势，积极尝试高校图书馆信息服务的创新。

## 第一节 大数据时代图书馆信息服务面临的问题

大数据时代下的信息技术日渐成熟，但也存在着诸多不足。因此，受大数据自身特点和当前所处环境的影响，高校图书馆信息服务难免会面临各式各样的问题和挑战。

### 一、数据结构、存储、处理等问题

首先，数据的异构性和不完备性。图书馆信息服务中的数据分析，数据处理和数据挖掘等大数据技术的实现也需要大量的大数据资源支持，而这些数据不仅数量巨大且来源多样，越来越多地分散在不同的管理系统中。如存在于图书馆数据库中的“行数据”，即可以用二维表结构来逻辑表达实现的结构化数据，如书目信息、电子资源数据库等；也可能是自动化系统中蕴含的大量读者利用图书馆借阅图书资源的信息以及在其他社会场所（如商业中心、社会服务中心、娱乐中心和工作空间等）的信息行为等非结构化和半结构化数据（包括所有格式的办公文档、文本、图片、XML、HTML、各类报表、图像和音频/视频信息以及字段可根据需要扩充的 Exchange 存储的数据等）。

数据的不完备性主要是指所获取的大数据常常包含一些不完整信息，甚至错误的数据。因此，在进行大数据分析处理之前，有必要对这种数据的异构、不完备性进行加工、重组有效处理，转换为规律的、集中的、有序的数据，为图书馆将来的信息服务等服务提供坚实的数据保障。

其次，对数据的存储、处理。传统的数据仓库是通过 ETL 工具将数字资源中的数据抽取到数据仓库进行集中存储和管理，然后根据用户端向服务器发出请求，由服务器应答，从数据仓库中读取及访问数据，并进行数据分析，返回结果给用户的垂直结构。大数据时代，由于数据量猛增，有可能一天之内就要多次处理 PB 级的数据，而且主要是非结构型的数据，是水平结构的横向请求服务。传统的关系型或柱状数据库不能处理非结构数据库类型，现有 IT 架构无法高效处理这些复杂结构的数据，需要不同的解决方案来满足这方面的业务需求。因此，倒逼高校图书馆要做出分析研判：是将结构化数据和非结构化数据先统一成一种格式的数据，然后再进行处理或分析？还是将结构化数据和非结构化数据分开处理的方式，即结构数据放在传统的数据仓库中，非结构化、半结构数据选择开源的 Hadoop 架构，NoSQL 或 NewSQL 数据库，以及除了 MapReduce 之外的一些工具来处理数据？怎样网络架构才能为高校图书馆的信息服务带来支撑与保障呢？

## 二、人力、基础设施成本问题

国内高校图书馆作为一个公益性文化事业的一部分，支持其稳定、健康发展的经费主要来源于学校或政府财政拨款。各级政府重视程度不一，导致高校图书馆建设的经费不稳定，尽管财政拨款在不断增加，但与书刊出版的品种、数量、书刊价格的涨幅、读者数量的增幅不相适应。与进一步充实和健全图书馆的基础服务设施和条件，使图书馆的建设和管理与高校办学质量不断提高相适应的要求差距甚远，使高校图书馆服务开发以及信息化建设受阻。而我国公有云、大数据相关的建设还未到至臻成熟，配套的手段发力的时候，高校图书馆面向大数据的转型困难巨大。大数据时代，高校图书馆建设是一项投资巨大的工程，从软硬件的升级、馆藏的数字化、数据库的更新与购置、网上资源的开发，专业技能、专业服务以及人员引进和培训以及其他设备的购置等均需资金的支持，也意味着其代价的不菲，具体表现在以下三方面：

1. 大量非结构化的办公文档、图片和音频、视频、XML、HTML、各类报表等数据，要经过移动和修改、数据清理、数据整合，重复数据删除等才能把有效的高价值的数据留下来，再精准应用，此过程将耗费大量的人力、物力、财力。

2. 在大数据时代，随着数据存储量的爆发式增长，更多的网络设备将同时访问数据中心，传统数据中心难以适应快速变化，面临巨大压力。现有基础设施无法满足海量信息分析和处理的需求，传统 IT 架构更是不堪重负，需要进行调整，甚至重构，需引进先进的软件平台或算法。

3. 要从海量数据中得出有用结论，专业的数据分析是关键。需要由相关领域的专业人士与信息技术专家、图情专业的人士一起对数据进行有针对性的归纳和分析，制定能满足用户信息需求的服务。而这种跨学科、跨领域合作能否顺利实现，是大数据时代高校图书馆信息服务实际应用中的一个问题。另外，在高校图书馆建设中，硬件和数据库系统的维护、更新也是一笔不小的开支。

## 三、读者信息需求多元化问题

近年来，高校图书馆越来越重视用户信息行为的变化，研究大数据环境下用户信息行为的变化有助于促使高校图书馆信息服务导向的变革，对建立以用户为中心的信息服务模式具有突出的意义。大数据时代读者信息需求主要呈现以下变化。

### （一）信息需求内容的多元化和集成化

大数据时代，数据不仅仅是客观的记录，更是携带着无数隐含信息的数字信号。在海量信息无处不在的环境中，庞大的数据会彻底改变人们的生活和工作。不同年龄、职业、文化水平、兴趣爱好读者，阅读目的的多元，催生出信息需求内容的多元层次特征。同时，出于应对激烈的社会竞争、知识积累与更新的需要，他们不仅追求现实信息需求的满足，而且追求对隐性知识的挖掘，要求图书馆能将分散在本领域及相关领域信息加以组织、提炼，从众多分散、变幻不定的数据信息中抽取出自己想要的信息，提供集成化知识信息服务和全程、全方位的知识信息保障。

## （二）信息服务手段的网络化和智能化

经历了 Web1.0 到 Web2.0 的网络变革后，智能手机、平板电脑等移动终端的普及将人们带入移动互联的时代。基于网络媒介的数字化信息与知识的获取已成为人们生活方式的一部分，带给人们前所未有的自主选择的权利，网络化和智能化服务手段已成为用户迫切需求。其中，数字资源整合技术对各种数字资源，实现无缝集成，使读者在统一的利用环境和界面下，实现“一步到位”的浏览、检索和利用，提高了数字资源公共获取的方便性和效率。

## （三）信息需求的时效性和高效化

互联网的快速发展产生大数据，大数据反过来驱动互联网各类应用的加速演进。大数据催生的新业态让我们工作、生活更轻松、更便利的同时，使得社会生活节奏加快，知识更新与老化的周期缩短、新产品更新换代的速度加快，科学技术转化为现实生产力的进程加速，市场的竞争日趋激烈。用户面对众多图书馆的数据资源，深受大数据所带来的困扰，很难方便、快捷、准确地检索到所需数据资料。用户对信息有了更高的要求，迅速、高效成为信息服务的必然趋势。希望高校图书馆能创新服务手段和模式，能使其信息需求的时效性及高效化能够较好地得以实现。

## （四）信息服务形式多样化、人性化

大数据时代，由于信息量的急剧增长与用户信息需求个性化之间的矛盾日益尖锐，用户的信息需求、获取、选择、吸收、利用、交流和发布等行为正在发生着深刻的变革。高校图书馆一直致力于主动服务，向用户及时推送图书馆的最新信息。但是，这种撒网式的推送方式，并不能真正满足用户需求，往往推送的信息反而成了用户的信息累赘。面对扑面而来甚至泛滥成灾的信息，不是每一个人都能驾轻就熟地寻找和发现自己所需要的资源，甚至常常在信息汪洋里迷失了方向。因此，他们更加需要作为文献、信息中心的图书馆根据其特定的需求，系统地对各种文献信息进行选择、分析、提炼重组，并加以利用。希望高校图书馆通过技术创新、服务重组、资源集成等方式不断拓展服务内容和提高服务质量，注重个体的差异性、层次性、强调人的不同需要，积极开展灵活的、人性化的服务，及时提供能帮助自身解决实际问题的高层次服务。

此外，个性化需求体现在以数据为基础的算法上。根据读者或用户使用图书馆时留下的点点访问痕迹，结合用户个人身份信息，挖掘用户的行为方式和兴趣爱好，高校图书馆可以借助大数据技术分析，帮助他们分析潜在需求、挖掘隐性知识、推送所需信息，以此来推荐最符合其需求的信息服务。通过对用户行为的分析，所推送的信息不再是撒网式发布的信息，而是针对用户个人需求的信息，此类推送方式因其较强的针对性、指向性而更容易被用户接纳和使用，从而提高服务效率。“大数据”使高校图书馆跨越了传统服务模式，让直接利用海量数据一对一的个性化服务成为现实。

## 四、图书馆管理、服务模式创新问题

大数据时代，无论从信息数据还是技术，它正以排山倒海之势冲击各行各业，高校图书馆作为信息传播机构，与信息技术有着天然的唇齿相依关系，这一浪潮对图书馆的冲击不言而喻。从图书馆自动化发展史看，几乎每一项新信息技术的出现，都能引起图书馆界的极大关注并推动图书馆管理与服务升级。

### （一）服务内容

全球信息迅速膨胀带来的数字资源的快速发展，使得有效利用大量复杂数据逐渐成为高校图书馆工作的主旋律。爆发式数据资源催促图书馆服务内容转变，科研第四范式（数据挖掘）催生相关数据的管理和共享，科研数据的收集、描述和再利用等一系列的数据监管将成为图书馆新的服务内容。目前，主流的订购信息产品服务将向挖掘、揭示信息内容的深层次知识服务转变，知识服务能力将成为新的竞争力。原有的“等”读者来了我们满足其需求，读者需要什么我们提供什么等被动式服务将被能够充分利用现有信息技术与挖掘数据，快速获取、管理和分析数据，从中分析读者的需求、预测和分析将来各类、各层次读者可能有哪些需要，以用户解决问题为中心，融入解决问题的过程，支持对问题解决方案的探索、构建和测试等的服务机制所取代；被利用大数据技术，通过对数据和信息的挖掘，实现各类内容的知识化组织、关联化检索和可视化，满足用户的“弱信息”需求和“战略性阅读”需求，主动地寻找服务市场取而代之。

### （二）服务体系

大数据时代，网络数字化环境日益成熟，读者可以通过多种途径简捷、快速从远程平台获取资源。Web2.0 网站和网上书店以及其他信息机构不断涉足着诸如信息组织、信息搜索和用户服务等本来属于图书馆的业务领域，对高校图书馆的发展构成极大威胁，大数据的研究涉及许多方面的内容，需要不同专业、不同学科背景乃至不同机构的共同努力。但是，目前我国一些高校图书馆不但欠缺多重学科知识背景，更缺乏与外界的广泛交流与协作，没有形成较为成熟的研究团队，服务体系不能有效适应大数据环境下的服务需求，仅靠高校图书馆自身显然力不从心，往往难以取得大的成效。

### （三）决策机制

以人为中心形成的数据是高校图书馆管理的核心所在，社会化网络产生的大量数据都是从单独的个体而来，有时恰恰反映出了阅读趋势。就像淘宝店的好评和差评机制，人们喜欢什么、不喜欢什么，积累的口碑对企业产生了重要的影响，成功的淘宝店会花大量的时间和精力改进管理提升自己的好评率。以读者的管理为最高管理内容将导致决策机制的变化。传统管理中，上层领导掌握所有信息，因此决策是从上到下的。大数据环境下，是由数据管理来实施决策。通过一线馆员的工作产生大量数据，经过智谋团队对数据的挖掘、分析然后反馈到上层，产生出决策。

大数据时代的特点是数据之间的相关性，这一相关性赋予高校图书馆管理革命性的内容。即经过大量的数据分析，管理不再是做什么，而是将要做什么，预测数据与洞察变化成为管理的前沿。如何充分利用数据来对内协调好人员、部门之间的关系，考评机制、人才储备、继续教育、组织结构如何设置，对外与读者、其他信息服务机构的关系等。引导和制约决策、“人财物”相关的各项活动的基本准则和相应制度的如何建立才能适应大数据环境下高校图书馆各项工作目标和任务，值得我们深思。因为技术在不断地更新，没有一个与之相匹配的管理体制是无法把高校图书馆带向正确的发展方向的。

## 五、大数据安全问题

随着互联技术、智能终端、网络社会、数字地球等信息体的普及和建设，使“大”量数据的获取、聚集、存储、传输、处理、分析等变得越来越便捷，大数据虽然相对价值密度较低，但对它所蕴藏的潜在信息的挖掘，可以快速捕捉到有价值的信息以提供参考决策。因此，随之而来的是在大数据环境下保障数据安全的挑战。

## （一）数据网络安全

由于大数据更多的是基于一种网络数据服务的模式，网络节点的不断增加，网络安全对其将是一个严峻挑战。不同区域的数据、资源的快速整合，动态配置，共建共享为用户提供快速推送和便捷化、个性化网络服务的同时，IT 网络构架、服务平台的开放、暴露，蕴含着海量数据和潜在价值的大数据，更容易吸引外来的攻击，而且攻击者的工具和手段呈现平台化、集成化和自动化的特点，具有更强的隐蔽性，攻击时间、潜伏时间更长。应用程序编程接口（API，Application Programming Interface）访问权限控制以及密钥生成、存储和管理方面的不足都可能造成数据泄露。甚至将恶意软件和病毒代码隐藏在大数据中，使之成为一个可持续攻击的载体，利用大数据技术进行攻击。一旦数据遭受攻击，由此引发的后续危害也是不可预测的。

## （二）数据存储的安全

大数据采用传统关系型数据库管理技术往往面临成本支出过多，扩展性差，数据快速查询困难等问题，因此，针对占数据总量 80% 以上的非结构化数据，“NoSQL”“NewSQL”等数据存储为大数据存储提供了初步解决方案。到目前为止，“NewSQL”数据存储在人气方面还远不及“NoSQL”类方案，这一部分是由于其面世时间相对较短，另外也是因为将传统方案与数据灵活性相结合绝非易事。以“NoSQL”为例，其在数据存储仍存在以下问题：一是标准的 SQL 技术包括严格访问控制和隐私管理工具，相较于 SQL 这种已经成熟的语言，“NoSQL”还没有这样的要求。二是虽然“NoSQL”软件从传统数据存储中取得经验，但“ NoSQL”毕竟使用的是新代码，仍然存在各种漏洞。三是由于“NoSQL”服务器软件没有内置足够的安全，所以客户端应用程序需要内建安全因素，这又反过来导致产生了诸如身份验证、授权过程和输入验证等大量的安全问题。

## （三）安全意识

除了上述网络访问控制、入侵检测、身份识别等安全挑战，网络中的异常事件与整体安全态势，成千上万的安全事件和日志中哪些是最有价值、最需处理和解决的安全问题，多数没有为数据进行加密的免费公用网络的使用，使管理人员及读者、用户的安全意识也深受挑战。网络应用是中性的，有人利用它成为网络警察，也有人以此来欺凌加害他人，最重要的还是用户如何提高自己的安全意识，培养检查网络安全习惯。

## 六、用户隐私泄露及相关法律、法规缺失问题

隐私权是每个公民的一项重要权利，然而在互联网时代，隐私泄露却是几乎每时每刻都在发生的事情。例如，在某社交网络注册登记了个人信息后，当你近期浏览咨询一些房屋装修问题时，很快就会收到来自装饰公司的推销电话，甚至他能准确无误地报出你的姓名及房产地址。大数据时代的到来及大量相关技术的广泛应用，使得人们能够多渠道即时获取大量结构、非结构数据，并使对于这些数据的深度挖掘成为可能，这为高校图书馆开展深层次服务提供了前提。但大数据技术其实是一把双刃剑，大数据中包含的大量的用户身份信息、属性信息、行为信息，在大数据应用的各阶段内，如果忽视数据的保密工作，甚至违反法律侵犯个人隐私，极易造成读者用户隐私泄露，给单位及个人的权益都会造成潜在的威胁。

我们如何在推动数据全面开放、应用和共享的同时有效保护读者、用户隐私，逐步加强隐私立法，将是大数据时代的一个重大挑战。我国许多高校承担着国家级的科研项目，这些项目往往涉及国防安全。同时，在高校活跃着众多的科研人才，他们拥有大量具有知识产权的科研、发明、专利。此外，随着社会的进步，人们对于个人隐私的重视程度也在不断加大。如果高校图书馆要开展大数据的研究，势必会涉及众多层面的秘密数据，如果没有相应的保密条例和严格的保密措施，就有可能发生泄密事件，给我国的国防、科研以及个人造成损害。

据当前所掌握的资料分析：人们在互联网上的一言一行，基本上都掌握在互联网商家手中。例如，淘宝知道用户的购物偏好、腾讯知道用户的好友联络情况、百度知道用户的检索习惯等。

由于数据增值的关键在于整合，但自由整合的前提是数据的开放，需要调用多方数据，大数据中的隐私泄露通常有以下几种途径。

### （一）在数据存储的过程中对用户隐私造成侵犯

大数据中用户无法知道数据确切的存放位置，用户对其个人数据的采集、存储、使用、分享无法有效控制。

### （二）在数据传输的过程中对用户隐私造成侵犯

大数据环境下数据传输，将更为开放和多元化，传统物理区域隔离的方法无法有效保证远距离传输的安全性，电磁泄露和窃听将成为更加突出的安全威胁。

### （三）在数据处理的过程中对用户隐私造成侵犯

大数据环境下需要部署大量的虚拟技术，基础设施的脆弱性和加密措施的失效可能产生新的安全风险。大数据的规模处理需要完备的访问控制和身份认证管理，以避免未经授权的数据访问，但资源动态共享的模式无疑增加了这种管理的难度，账户劫持、攻击、身份伪装、认证失效、密钥丢失等都可能威胁用户数据安全。

## 七、大数据人才缺乏问题

### （一）何谓大数据人才

大数据时代的到来使大数据技术与服务市场得到空前发展，也使社会对掌握数学、统计学、数据分析、商业分析和自然语言处理等多学科知识背景的数据工作者的需求越来越旺盛。关于大数据人才的概念，一直以来都缺乏统一的定义，很多学者、组织机构都分别给出了自己的定义：北京丰牵启信息技术有限公司 CEO 邓侃博士表示，从知识架构的角度上来说，大数据需要三类人才：第一类是云计算服务模式（IAAS，Infrastructure as a Service）方面的人才。第二类是掌握机器学习（learning）和知识科普（knowledge graph），能将应用部署到云计算上的人才。第三类是具有专业背景，能够对特定应用做统计和预测的人才[①]。而神州数码控股有限公司董事局郭为主席则认为大数据时代需要的人才主要有三方面：一是技术相关人才，包括 IT、系统、硬件和软件。二是数量相关人才，包括统计、数学、建模、算法。三是业务，就是要有一定的专业领域知识[②]。根据以上表述可以得出，未来的数据分析人员需要具备多方面的技能和素质以适应深度分析数据的需要，如技术能力（工具、流程、专业知识）、管理能力（领导艺术、项目管理）、社会交往能力（交际、团队协作、解决问题）和系统能力（系统开发、企业规划）等。

---

① 邓侃 .Instagram 与 Color 是泡沫还是革命？ [J]. 科技创业 ,2011(7):100-102.

② 郭为 .大数据时代的企业管理挑战 [J]. 中国中小企业 ,2017,(9):62-63.

### （二）高校图书馆大数据相关人才缺乏

随着人们对于大数据的关注度不断提高，大数据人才就显得越发稀缺。IT行业与大型互联网公司早已意识到了大数据人才紧缺的问题，都在积极建立专门的大数据科学团队，但对图书馆来说，其应对行动还不够迅速，大数据相关人才招聘、培养、数据馆员工作流程与规范文档与考核制度等需要进一步建立并完善，大数据相关人才队伍建设亟待加强。

在大数据时代，高校图书馆信息服务需要专业的知识组织、挖掘、分析人才，图书馆如果要从信息时代的参考咨询、信息咨询服务走向大数据时代的知识咨询，并将其嵌入用户的知识分析、管理决策等社会行为的全过程中，提供以智力、知识、工具的应用为特征的深度知识服务，图书馆知识咨询馆员既要掌握学科服务，嵌入式服务等咨询服务工作必备的信息检索、信息分析、信息组织及相关平台与工具使用等基本素养，还要掌握大数据环境下的数据挖掘、数据组织等大数据知识与技能。

英特尔中国研究院首席工程师吴甘沙也认为大数据最为关键的部分就是数据分析和挖掘数据价值，这就需要对数学、统计学、机器学习等多方面知识的综合掌控，因此可以看出，大数据时代图书馆知识咨询馆员除需具备传统咨询馆员的基本素养外，还需具备的首要素养就是能对数据做出预测性的、有价值的分析。这是因为从计算机学界的理解来看，大数据的核心技术是机器学习和知识图谱，介于基础设施和应用之间。因此，图书馆最需要的是既要了解所服务的用户学科背景，还要了解图书馆的相关服务知识，更要了解大数据技术的综合型人才，然而，在全球大数据人才缺乏的大背景以及高校图书馆自身能力和资金又都很薄弱的环境下，大数据人才的缺乏将影响高校图书馆的信息服务能力，关系到图书馆的兴衰成败。

## 第二节　大数据时代提升图书馆信息服务的策略

既然大数据的发展趋势不可阻挡，就应提前研究，寻求对策。大数据时代的高校图书馆面临大数据管理、技术和应用等方面存在的问题和挑战，对这些问题的思考，未来图书馆是以数据为纽带，其形态将从物理图书馆逐渐转变为“数据图书馆”及“智慧图书馆”。由此，高校图书馆应采取以下应对策略。

## 一、培养大数据思维，树立数据意识

大数据不仅是一种应用性很强的实用工具，更是一种重要的思维方法。胸中无全局，焉来好决策？所以，从这个角度看，重视大数据，也是一次思维方式的变革。从对大数据的认识中，掌握工作重点，探索工作规律，提升工作的自觉性与主动性。读者的需求，有时并不总是看得见摸得着的，当需求导致的效益爆发的时候，如果你不在那个平台上，就只能望洋兴叹了。因此，在大数据时代，高校图书馆要想在业界竞争中立于不败之地，就必须先培养大数据的思维。更要树立数据意识，认识到数字的重要性以及数字是最准确的语言，学会用数据来阐释事实，揭示关系，厘清脉络，证明观点，适应时代的变化，跟上时代的步伐。

大数据思维有如下四个维度：

### （一）定量思维：一切皆可测

对图书馆业来说，大数据的来源，不仅包括嵌入在图书馆相关资源中，实现资源的跟踪及分析的 RFID 射频数据，分布在图书馆不同位置或环境中的传感器对所处环境和资源进行的感知，不断生成、长时间积累所产生的巨大数据，还有社交网络交互数据：随着社交网络应用的逐步推广，社交网络所产生的数据量远远超过以往任何一个信息传播媒介，毫无疑问，将会成为未来很长一段时间内，大数据主要的来源之一；特别是随着移动互联网及移动互联技术的不断完善，使得图书馆可以灵活获取移动电子设备、人员、资源、用户行为和需求等信息，对这些移动互联数据信息进行实时分析，可以更好地帮助我们开展有效的智能辅助决策。

### （二）跨界思维：一切或可联

跨界有不同媒介、渠道间的跨界，也有信息服务模式、数据应用的跨界。如和企业用户的竞争情报系统、公共图书馆、社交媒体、其他信息咨询机构、掌握相关技术的公司企业进行跨界合作。

### （三）操作思维：一切要可行

首先，应用大数据，不等于非要高大上的设备和硬件投入。例如，视频公司根据用户观看视频的过程来决定推送什么广告，其算法可能比较简陋，但速度快。其次，要把数据和用户心理结合起来，营销精准但不要引起用户的反感。

最后，大数据管理要与关键绩效指标法（KPI，Key Performance Indicator）结合起来，协调各个部门的利益，否则大家对数据采集不积极甚至不合作。

### （四）实验思维：一切应可试

比如，要想知道推荐的效果，可以做一个实验。一半读者或用户有推荐，一半没有。从短期看，推荐效果并不明显，但长期效果非常明显。因为推荐是读者体验的一部分。短时间内，读者或用户对所推荐的信息或服务可能没需求，但到有需求时就会想起来，尤其是当推荐的信息服务符合他们的品位和个性化需求时。

读者是图书馆资源和服务的消费者，他们的需求是高校图书馆发展的原动力。当读者习惯于通过搜索引擎获取信息而逐步疏远图书馆时，图书馆曾一度视搜索引擎为劲敌。图书馆再也不能凭借馆藏资源和访问权限来证明自己的价值，必须走近用户，借助馆藏资源、深度挖掘信息，提供增值服务、满足用户需求，以此来证明自己存在的意义和不可或缺的地位。大数据时代，高校图书馆应转变传统服务理念，改进服务模式，增强主动服务意识，不断探索、拓展服务体系。高校图书馆首先应该实现从“吸引读者到图书馆来”到“将图书馆服务送到读者中去”的转变，建立交互式共享平台，增强馆员与用户、用户与用户之间的交流沟通。针对不同类型读者提供个性化的服务，通过用户的参与，掌握用户大量的半结构化和非结构化数据，以此作为分析用户需求的数据，做到能够及时从海量数据中提取有价值的信息，建立用户模型，充分利用馆藏资源优势来满足用户需求。同时，通过调动用户彼此分享知识、经验等，使用户既成为图书馆服务的消费者，又兼职义务参考咨询者，积极吸纳用户参与到图书馆的服务体系中，从而提高对读者的吸引力，提高读者对自身服务的满意度。

## 二、重视队伍建设，强化人才储备

面对大数据时代和信息网络化的发展，人才在业界竞争力中的基础性、战略性、决定性作用日益凸显。只有具备相关学科背景和技术基础的人，才有可能胜任大数据分析的重担。高校图书馆要“居安思危”，清醒地认识到以往的成功经验、成熟的服务模式和馆员队伍，并不能确保长此以往“高枕无忧”。由于受传统单一学科培养模式和学科壁垒等主客观因素的影响，懂得其他学科

"语言"且有强烈合作意愿的教师越来越稀少。大数据研究的特殊性导致很难通过相应的专业教育培养此类人才，而社会对于大数据人才的需求增大更加剧了这种供需矛盾。我国高校图书馆要想开展大数据研究，就必须正视现阶段图书馆馆员在信息技术的开发利用方面能力相对欠缺这一现实。因此，要未雨绸缪，准确研判大数据时代的特点和业界发展的趋势，重视、挖掘和培养既懂业务又懂技术的复合型人才，要加强馆员的继续教育，通过多种形式激励馆员不断学习、掌握先进技术、广泛涉猎其他学科、扩大知识面，以满足大数据研究对于馆员多学科知识的基本要求。图书馆人才建设应着眼长远发展目标，树立战略性、系统性和整体性的人才建设理念，加强高校图书馆人才管理工作。

### （一）创新图书馆人才管理机制

把人才队伍建设作为一项重要的战略任务，放到图书馆议事日程上真正认识到人才是资源，必须抓紧开发；人才是资本，必须要运作；人才是资产，必须要增值。机制是当前影响人才资源开发的重要因素。打破论资排辈和大锅饭的条条框框，按照效率优先、兼顾公平的原则，实行聘任制、竞争制、淘汰制等工作机制。图书馆应以人性化的制度管理人、激励人，注意激励制度的合理利用。注重对培训实际效果，考核考评的同时抓好培养人和使用人的机制。奖惩分明，注意调动职工的积极性，并有意识、有计划地培养一些有发展前途与潜力的馆员。创造机会与空间使馆员才能得到充分发展，加快培养技术创新人才，提升现有人才素质，倡导和加强人才终身教育，从而吸引、稳定和壮大人才队伍。

### （二）有针对性地引进人才

大数据时代图书馆馆员除需具备传统馆员的基本素养外，还需要具备对数据做出预测性的、有价值的分析的重要素养。因此，高校图书馆在发展的进程中要打破传统用人标准，除了招聘具有图书情报学专业背景的人员外，还应该聘用具有其他学科背景，如数学、统计学、计算机、心理学、管理学等其他专业背景的优秀人才。通过多学科的知识聚合和智力支撑解决自身的发展困难，更通过具有不同学科背景的智慧群体开展大数据研究；当然，也可与专业的数据、信息处理公司合作，外包或租用其成熟的技术人员也不失为一种现实的选择。

### （三）应时而动，多元培训模式

由于互联网的影响，如今，教育培训活动已经不必局限在校园和课堂，学习咨询和交流讨论可以不受时间和空间的限制。培训模式更加多样化，手段也更加泛在化，可以通过打造线上、线下教学多元模式，着重加强馆员综合能力的培养。

首先，在大数据时代，为了发挥每位员工的作用，可以将本馆工作人员根据学科背景和工作能力进行分类，结合人才实际情况，建立制定科学合理的培训制度，根据各自岗位情况和实际工作需要，设置培训内容，选择培训人员。如对计算机、云计算、大数据等专业知识有理论专长的，就从技术层面去加强。例如，加强数学、统计学、数据分析、商业分析和自然语言处理等多学科知识的学习，掌握大数据环境下的数据挖掘、数据组织等大数据知识与技能，对信息科学、心理学、管理学等其他学科知识有一定了解的，可以从图书馆服务的方向去发展，学习如何利用经过处理的数据得知读者的借阅行为和借阅习惯，并根据读者的阅读兴趣为读者提供更多的个性化服务。

其次，高校图书馆可以依托高校的教育资源，共同打造在线教育平台，建立在线教育联盟，把各自优秀的、前沿的培训课程、案例放在网络上实现共享，让馆员在自主学习的过程中一方面汲取知识，一方面反馈意见。通过这种互动、开放式的学习，对大数据的理解不再停留在纸上谈兵的阶段，而是亲身体会到大数据的力量。更重要的是，帮助暂时没有实力开设和数据培养相关课程的一些高校图书馆获取最前沿知识，跟上大数据时代发展的步伐。

最后，抱团取暖合作。我们要看到，大数据时代的信息服务的发展已经模糊了彼此之间的界限。尽管少部分实力雄厚的图书馆可以通过自己的力量来解决某些问题,但是,对大部分普通高校图书馆来说,自身能力和资金都还很薄弱，需要利用外部力量开展抱团合作，共同应对大数据环境下人才的危机。大家互通有无、协调与合作、资源共享，人才教育和培训工作采用开放的培训理念，科学实用的培训方法、协调高效的运行机制，才能使我国高校图书馆的大数据人才储备不断、厚积薄发，有所突破。

## 三、创新服务方式，应对用户需求

在大数据环境下，读者信息需求、信息服务市场环境的变化，新型数字资源商与搜索引擎迅速崛起，给高校图书馆带来了极大的竞争和威胁，如何应对环境的变化，做到让读者满意，不是一句简单的口号，必须创新服务，构建新的信息服务体系模式以应对新环境的挑战。

### （一）改革、拓展信息服务模式

大数据时代的动态的虚拟环境，拓展了传统图书馆的服务模式。首先，高校图书馆在完善到馆服务的同时，利用先进的计算机技术、网络化技术（电话、传真、电子邮件、网络导航、文件传输等），将服务拓展到馆外，跨越时空的限制，使读者得到咨询问题的满意答复，享受图书馆服务同时随着移动互联的发展，通过加快发展移动图书馆、自助服务、微博、维基、RSS、即时通信、虚拟参考咨询等新技术服务的方式，在图书馆与读者之间建立更为直接、广泛的交流平台，完善泛在服务模式，使更多的人跟上创新的节奏和转型的步伐。

其次，高校图书馆要实现与数字资源商、商业搜索引擎之间更加紧密的整合或者建立区域图书馆联盟，加强合作与共享，通借通还，形成优势互补。共建集标引、入库、查询、交流、系统管理、智能搜索于一体的宽松、自助的交互信息服务的门户，通过数字参考咨询、知识共享、个性化知识服务平台实现服务对象和提供者之间的联系沟通。一方面，用户可以实时发布自己的信息需求和信息困惑以及对服务的意见和建议，并能与其他用户进行交流、互动、学习。另一方面，高校图书馆对用户信息反馈系统和读者需求调查分析的相关数据进行整理、摸底评估，分析用户信息获取和利用的效果，对知识服务的评价、建议，通过数据挖掘，深入研究用户信息行为新特征，在调整、修饰和重构基础上，构建用户驱动下的信息服务模式，不断地完善图书馆知识服务的体系，提高服务质量。

### （二）深化、多元化信息服务内容

高校图书馆信息服务内容随着信息环境以及用户信息需求的变化在不断地演进，在大数据环境下，用户关注的信息更加多元化和集成化。因此，高校图书馆以用户需求为驱动，通过收集、整理、组织数字资源，按照用户对信息的学科与主题需求等特征，针对不同用户的特定信息需求，积极开展信息分析与预测，提供参考咨询服务、文献检索服务、重点学科和重点课题服务、读者辅导服务等。信息服务内容由文献过渡到信息，进而向知识转型，实现知识发现。通过分类定制、界面定制、信息推送、检索帮助、个性空间等，将最恰当的知识及时传递给特定用户、为高校教师的教学和科研提供超越本学科知识领域以外的信息资源，提供能够用于决策支持、科学研究的信息。为高校学生提供专业理论和丰富的专业实践信息，帮助他们在今后的竞争中赢得优势，实现信息增值服务。为社会读者工作、生活，特别是老年人、残疾人、少年儿童、务工人员提供集成化、全方位的知识信息保障。

另外，全民阅读，全民教育的理念使得高校图书馆在满足教学和科研需求的同时，面向大众敞开大门，扩大服务范围和领域，兼顾社会公众的需求，提供良好服务，在服务内容上更加细化和多元化各类读者阅读目的的多元，催生出信息需求内容的泛在化，图书馆可有针对性地整合各类信息资源，通过数字终端及时传递。主要包括：①公共政策信息。主要涉及人们参与国家与社会民主进程的信息。②地方性信息。主要包括地方大事记、地方教育、文化娱乐及各种官方和民间机构团体活动等方面的信息。③实用性信息。更加侧重于个人在日常生活和工作中解决实际问题所需要的信息，如日常生活及经济生活类信息；工程建设、投资等企业类信息；求职信息；法律与公共类信息。

### （三）现代化信息服务手段

摒弃陈旧落后的手工管理服务方式，充分利用图书馆信息检索的优势和网络功能，在利用馆藏的现实资源，做好传统借阅服务的同时做好以下工作。

首先，利用计算机技术、网络通信技术、多媒体影像处理技术、数据处理技术等高新技术，构建数字图书馆信息门户。其次，信息整合技术的应用，如基于C/S和B/S模型的数据描述格式XML、DC、RDF和数据通信协议HTTP、OAI、SAOP等，使不同的信息门户之间的横向整合以及信息门户同其他应用系统之间能够纵向整合。最后，频道技术、E-mail网关技术、Push技术等应用技术，提供为个性化信息服务交互平台。针对大数据环境下，读者使用各种移动终端或手持设备上网，已经成为明显的趋势的特点，建立数据、语音、视频三网融合的一体化网络，借助数字电视交互功能实现在线服务和在线阅读；手机图书馆的开发，大量自助设备的建设，OPAC手机版本的采用，一系列技术和应用的创新无疑给高校图书馆现代化服务水平带来质的飞跃。

## 四、健全保障机制，确保数据安全

大数据研究在提升高校图书馆读者服务质量方面具有广阔的前景，大数据资源将成为高校图书馆的核心资产。图书馆在利用数据处理、数据挖掘、数据分析等技术获取大数据蕴藏的高价值，创新服务模式，提高服务质量的同时，其中事关国计民生、具有自主知识产权的重要数据，以及大量个人隐私的读者数据需要保护，高校图书馆要想实现双赢，就必须重点考虑如何确保各类数据资源存储安全、如何降低网络安全威胁、如何防止隐私泄露等问题。建立一套科学健全的安全、保密措施：包括从技术层面保障存储安全，提高网络安全防范技术；建立数据监管体系，对读者和图书馆的重要数据、敏感数据、隐私数据进行监管；加强图书馆信息安全制度建设，建立完善的保障体系、对于数据的开放程度、范围等，要进行明确划分，严格的监管、执行以及惩处措施也不可或缺。这样才能确保我国高校图书馆进行合理、合法的数据信息利用和传播，从而实现既充分发挥大数据的优势，又不侵犯用户隐私的共赢目标，构建 IT 基础设施防护体系，保障存储安全。大数据时代，高校图书馆的数据资源规模日益增长、结构复杂，设备数量庞大、系统异构、安全威胁多，保障这些数据资源的安全存储显得尤为重要，对硬件设施也是巨大考验。在数据中心基础设施的安全防护体系构建中，首先，应重点加强基于云计算架构的大数据存储系统安全建设，大数据存储库通常采用基于云计算的虚拟化海量存储技术实现，图书馆通常以签署存储服务租赁协议的方式来获取服务。图书馆存储系统结构与功能设计应符合大数据相关安全标准要求，重点研究运用身份认证、加密存储、数据灾备这三种技术手段来保障云安全。身份认证：确保管理员、读者用户、云存储服务提供商等经过认证，获得访问权限后，才可管理、分析、访问“云”上的数据资源。文件和数据加密存储：确保图书馆云存储上的数据资源在存储和传输过程中，不被意外或非意外损毁、丢失、处理及非法利用。系统为每位注册用户生成一个解密密钥，系统将数据加密存储在数据中心，用户读取加密数据后，利用自己的解密密钥恢复数据，得到原始数据。数据灾备：将虚拟化技术、分布式技术和云计算技术结合可实现多点备份、数据自动冗余存储、云节点无单点故障数据级灾备。图书馆可以利用云存储在不同的地方建设两个及以上的图书馆云存储数据中心，构成一个跨地域的统一存储平台，各业务部门和每个用户都可以共享共用这些数据，保证只要有一个数据中心完整，所有数据就不会丢失且能够提供持续服务。其次，还必须完备存储系统服务的集中监视、控制和数据备份功能，突出云存储系统的安全管理和恢复功能。数据中心基础设施的安全建设，加强以虚拟化网络和虚拟设备为主体的虚拟化安全管理。

为读者和其他访问者提供安全的数据端口，保证数据管理、转换和传输安全。最后，图书馆可以将网络服务器、数据库分开储存，避免一次性遗失所有数据。比如，关乎图书馆命脉的安全数据，可以存放在图书馆自己的机房里，而一些非核心部门的数据，则借助一些云存储平台。同时，可以使用密钥加密技术，对重要数据进行加密，用户需拥有指定的密钥才可开启档案，即使数据外泄也不会轻易被破解。

### （一）提高网络安全防护技术，确保云计算技术和虚拟数据安全

大数据时代，云计算与虚拟化技术是高校图书馆构建用户服务系统，开展个性化服务的核心技术。首先，当图书馆具备较强的技术水平与经济实力时，首选建私有云的方式构建云服务平台，确保图书馆与其他用户在物理上隔离，实现服务由图书馆独立使用。如果图书馆因技术与资金等原因和其他用户共享公共云时，应将重要数据传输至规模较小的私有云存储，或者通过与云服务商签署安全管理协议的方式保证核心数据安全。其次，图书馆在大数据环境安全管理中，通常会将内部的网络系统、管理和服务系统、大数据平台看作为一个可信的环境，从而执行相对宽松和高效的安全管理策略，导致来自图书馆系统内部的安全问题会产生比系统外部更严重的安全威胁。因此，必须加强图书馆内部 IT 系统环境的安全监控和管理，防止黑客借助系统内部的安全漏洞来提高攻击的成功率和有效性。再次，应保证图书馆虚拟化数据的逻辑可控性通过建立全面、高效的监控网络，实现对数据流的全程交叉监控和分层管理，避免数据被非法监听、访问和窃取。最后，通过利用大数据的分析技术，分析来源信息，能够自动入侵检测、确定网络异常。进一步研究更有效的检测手段，完成高端检测，做到多点、长时、多类型的检测。也可以对海量的服务器运行日志、数据库操作记录、系统活动等历史数据进行网络安全审计、分析，并进行更加精细和复杂的分析，发现更多的黑客攻击种类。增强图书馆基于大数据安全威胁发现的效率和主动性。

### （二）加强高校图书馆数据、信息安全制度建设

大数据安全不仅是技术问题，更是管理问题。因此，在明确大数据时代高校图书馆的实际安全需求和安全目标的基础上，图书馆除了要从技术上实现存储安全、云安全、网络安全等方式来抵御外来的信息安全威胁，更需要加强在数据安全监管、数据共享制度和机密保护制度、数据隐私保护、监控和评估制度等方面的建设。建立信息安全责任人负责制的组织机构；加强各业务部门内

部管理，提高图书馆工作人员的信息安全意识。从大数据生命周期安全管理全程入手，构建科学、可靠的虚拟化监管程序和虚拟化数据处理模型，量化各类数据资源的安全指标，明确重要数据库的范围，根据保密级别、共享级别、开放级别等明确访问权限等级划分，制定数据的访问、检索、下载、分析等方面的规定；制定终端设备尤其是移动终端的安全使用规程，创新有效科学的数据监管手段与方法，规范大数据的使用方法和流程，从管理上防止图书馆核心数据、隐私数据和敏感数据的泄露。

### （三）保护用户隐私数据安全

大数据背景下，个人隐私的安全保护是一个不容忽视的问题。技术本身是中立的，关键是看人们如何使用。对高校图书馆来说，对用户隐私数据安全保护的有效性，关系图书馆用户服务的安全性、可信度、可持续性和读者阅读愉悦感。在享受大数据带来便利的同时，要有安全自律意识，在获取、分析数据和维护用户隐私之间找到平衡点。

1. 高校图书馆与合作的第三方服务商就用户隐私、数据安全签订相关协议，厘清权责。用户标示匿名化、隐私数据加密，密钥编码和数据分片等措施，消除个人特征数据与读者的一一对应关系。

2. 在收集、分析用户信息时，不应凌驾于隐私权之上，应恪守职业道德，依据大数据安全管理和用户隐私保护相关法规，主动捍卫用户的隐私权。

3. 严禁对与读者个性化服务无关的用户地理位置定位数据进行采集，或者使用GPS等定位设备对读者行动进行跟踪，读者必须拥有对自身隐私数据采集、存储、共享和使用的知情权与决定权。

4. 图书馆用户隐私数据的管理过程应符合数据的生命周期发展规律，依据隐私数据诞生、价值发现、价值使用和价值消亡的生命周期过程，对数据进行采集、存储、使用和删除等操作。

5. 对读者进行隐私安全教育：数字无法自己说话，而数据集，不管它们具有什么样的规模，仍然是人类设计的产物。因此，读者首先要注意保护自己的个人终端设备，设定隐私限制，调整安全程度，尽量不要让别人在没有授权的情况下查看自己的设备，特别是一些私密信息一定要有保护措施。及时安装及定期更新防毒软件，防止黑客入侵。上网或者访问云服务时，注意保护自己的认证信息，防止网络诈骗。谨慎对待自己在网络上留下的各种信息和使用痕迹，以减少被不法分子利用的机会。尽量使用已知的安全的网络上网，对于一些未知或免费的无线网络服务（Wi-Fi 服务）用户要格外留神，避免处理重要数据，避免黑客利用不同工具盗取这些数据。

## 五、共享数据资源，借力跨界合作

高校图书馆运用大数据技术面临着诸多挑战，数据的来源、数据挖掘分析与加工整理的技术与人才，以及支持大数据运行的配套设施等，都给图书馆服务带来新要求。尽管少部分实力雄厚的图书馆可以通过自己的力量来解决一些问题，但是，对大部分普通高校图书馆而言，利用外部力量开展跨系统跨业界合作，是一种更切实际的方式。大数据时代的图书馆数据分析、处理与服务需要社会类信息机构的大力合作，需要"云计算"技术平台的支撑，需要大型数据服务器集群支持。任何一个图书馆都无法解决所有这些问题，图书馆大数据服务更多地应该走外部跨界合作的道路，有利于合作双方在市场经济下实现"双赢"，缓解资金紧张、人力物力成本压力。当然，"跨界服务"绝非"一味包揽""贪大求全"，高校图书馆应该是在做好为高校自身提供良好信息服务的基础上再向外延伸。在政府的主导、政策扶持下，与各方合作中明确各自的职责，寻找最大公约数。在满足用户需求、发掘自身优势的基础上，遵循一定的思路、寻求一定的模式，有条不紊地进行，通过借助外力，实现共赢。

关于跨界合作，一方面，高校与企业联合开展的大数据教育模式，为高校图书馆提供了捷径与借鉴。如北京航空航天大学计算机学院、软件学院与百度、淘宝、腾讯等企业合作，联合创办了国内首个大数据专业工程硕士培养项目。另一方面，高校图书跨界合作的理论研究和实践越来越多，对高校图书馆服务企业的模式、内容、方法、问题及对策进行了阐述，许多高校图书馆也进行了有意义的尝试。如南京工业大学图书馆为入驻国家大学科技园的企业提供信息服务；广东五邑大学图书馆与本地高新区多家 LED 企业建立了稳定的产学研合作关系，共同创建的 LED 专题 Wi-Fi 交流社区。北京石油化工学院图书馆为石化企业提供信息服务的实践；重庆大学图书馆与重庆市中小企业合作，成立技术创新服务中心，通过构建信息服务管理平台，面向企业进行个性化信息推送服务等。这些理论研究和实践成果，甚至某些失败教训都为高校图书馆开展更多、更为广泛深入的跨界合作提供了有益的借鉴依据和实践经验。

## 六、强化政府职责，规划顶层设计

大数据时代给包括图书馆在内的各行各业带来各种机遇，机不可失，时不再来。特别是互联网企业围绕大数据开展的技术研发、应用创新，取得了很大进展。金融、零售、电信、公共管理、医疗卫生行业等，也在利用大数据开展有效探索。大数据必将在推动产生产业转型升级，促进信息消费等领域发挥积极作用。但同时，我国的大数据产业发展还处于初级阶段，存在如大数据相关法律法规有待进一步完善，数据资源不够丰富，开放程度较低，大数据核心技术水平不高，缺少示范性应用等问题。

因此，只有及时出手，抢抓机遇，将大数据的发展列入国家战略，从顶层入手，明确我国大数据发展的战略目标和战略重点，统筹谋划大数据应用、关键技术研发，做出宏观战略设计和政策配置及其制度安排，而各地政府依据国家的战略设计，因地制宜，基于区域条件和已有资源优势，对资源和政策等方面进行优化配置，科学合理规划布局。推动大数据产业的发展，倡导资源的高效、合理利用，控制重复建设，避免资金浪费，抢占大数据浪潮先机。对此，我国大数据发展需要做好以下四方面的工作。

### （一）没有标准不成方圆

大数据因为是新兴技术，没有统一数据标准，相关人才资质也没有门槛，国家有关标准尚不能覆盖运行中出现的新问题，形成了标准的缺失，因此，政府机构、行业组织和大型企业要建立专门的数据治理机构来统筹数据治理工作、统一数据标准，建立健全相关法律、法规。例如，数据管理局、数据治理委员会等，治理的重点在于数据定义的一致性和数据的质量。各个领域和行业的数据标准制定得好，将起到事半功倍的效果。

### （二）鼓励扶持基于数据的创新和创业

以政府为主导建立大数据产业园，提供办公场所或资金支持；支持大数据关键技术产品的研发和产业化，重点推动大数据基础设施、推进关键技术和产品的研发，大数据平台的建设，推动核心技术应用模式、商业模式协同创新和发展。

### （三）加快大数据典型应用推广

各地政府要加快大数据典型应用的推广，树立一批典型性、示范性应用，坚持政府引导、创新引领、应用驱动、企业主体、有序开放、安全规范的原则，来加快大数据产业的发展。

### （四）加强隐私保护

现有的隐私保护技术手段还不够完善，除了要建立健全个人隐私保护的法律法规和基本规则外，还应鼓励隐私保护技术的研发、创新和使用，从技术层面来保障隐私安全，完善用户保障体系。此外，推动大数据产品在个人隐私安全方面标准的制定，提倡行业在用户隐私保护领域的自律，并制定相应的行业标准或公约，防范泄露风险，加强隐私保护。

### （五）加强自身发展

在大数据时代，公共决策最重要的依据是系统的数据，而不是个人经验和长官意志，系统采集的数据、科学分析的结果更为重要。政府应加大数据治国的舆论宣传，将数据纳入公务员的常规培训体系，出台政策，支持民间组织或团体，使大数据理念、技术在全社会普及。力争在全社会形成“用数据来说话、用数据来管理、用数据来决策、用数据来创新”的文化氛围和时代特点，新技术的不断出现，让我们不得不面临新的转变。传统高校图书馆在大数据时代下谋求数字化转型时，应加快自身意识的转变，更快地接受新技术所带来的时代变革，并注重人才培养，推动行业整体发展环境的完善。数字服务公司可以帮助企业进行数据的管理与分析，但数据的广度与深度还需依靠高校图书馆的自身发展进行完善。

## 第三节　大数据环境下图书馆个性化信息服务

近年来，国内高校图书馆致力于个性化信息服务的开展，作为信息定向明确、服务针对性强、使用便捷的一种新兴服务模式，它的深入推广受到了高校师生的广泛好评。随着个性化信息服务的大范围推广，如何根据用户不断变化的信息需求情境，实时调整信息服务策略，更好地体现信息服务的“个性化”特征成为高校图书馆个性化信息服务发展亟待解决的问题。

## 一、个性化信息服务的发展瓶颈

感知用户真实的信息需求情境是开展个性化信息服务的前提。目前，在个性化信息服务过程中，各高校图书馆通行的做法是通过问卷调查、网络访谈、电话咨询等途径事前获知用户的信息需求，通过对获得的用户需求信息进行分析，进而由馆员针对相应的信息需求开展独具特色的相关服务。受用户不断变化的信息需求等因素的制约，传统的个性化信息服务模式存在明显不足。

### （一）无从感知用户真实的信息情境

传统的个性化信息服务模式在获取用户信息需求时大都以问卷调查或访谈为主，这些传统的信息需求获取模式受问卷调查表设计缺陷、用户表达不清、担忧网络访谈泄露自身隐私等因素的限制，使得高校图书馆获取的用户信息需求往往存在一定偏差，在不真实的信息需求基础上开展个性化信息服务势必难以取得理想的效果。

### （二）服务针对性有所缺失

高校图书馆的服务对象主要是在校师生。受师生的教学进度、研究任务不断变化等相关因素的影响，个性化信息要取得良好的使用效益，必须及时根据用户不断变化的信息需求情境实时调整服务策略。然而受时间局限性、频繁沟通的不便等各种因素的制约，日常服务中，师生往往无法做到或不愿向图书馆馆员来反映自己已经变化了的信息需求，因无从实时感知用户变化了的信息需求，导致高校图书馆所提供的个性化信息服务与用户的信息需求存在严重脱节，服务针对性较差。

### （三）个性化信息服务遭遇用户流失危机

互联网环境下成长起来的“00后”大学生，自身掌握了丰富的互联网使用经验，他们对图书馆的依赖性有所降低，受图书馆信息服务针对性不强、信息使用不便等因素影响，当有信息需求时他们首先想到的是百度、谷歌、SNS、互联网好友圈等途径而非求助图书馆。一方面，高校图书馆掌握了丰富的馆藏资源，希望通过个性化信息服务方式为资源找到使用者。另一方面，个性化信息服务针对性不强，用户大量流失，提高个性化信息服务针对性，强化用户使用体验满意度，成为高校图书馆个性化信息服务过程中必须解决的难题。

## 二、个性化信息服务系统可行性

### （一）丰富的数据来源

高校图书馆作为全校的信息资源中心，积累了海量的用户行为数据，如用户查询书目产生的OPAC日志，用户借还书所产生的借阅信息，用户浏览、下载电子资源所产生的电子数据库使用痕迹，用户使用学科化信息服务中与学科馆员的互动信息，用户在图书馆微博中留下的评语，用户访问图书馆论坛停留的时间等。这些海量数据从侧面真实地反映了用户变化着的信息情境，通过对这些海量数据进行有针对性的挖掘、分析，可真实反映用户当下的信息情境，进而为图书馆开展个性化信息服务提供决策参考。

### （二）较易识别的目标群体

开展个性化信息服务，需实时跟踪用户不断变化的信息行为，分析用户的信息需求，进而实现精准定位的信息推送。获取用户的信息需求离不开实时的Web数据挖掘，而Web数据挖掘的难题之一是目标用户的身份识别。对高校图书馆个性化信息服务系统而言，目标群体具有明显的区分度，较易识别。受经费、版权等因素的制约，目前，高校图书馆的服务对象主要是在校师生。师生使用图书馆资源时，其信息均已在图书馆注册过，通过对师生的信息记录进行相应的识别，即可准确定位目标群体。此外，高校师生在校园内访问网络资源时，其电脑IP地址大都已经在校园网络中心注册过，通过客户端的用户名及密码，可轻松实现目标用户的精准识别。

### （三）用户信息需求的实时感知

用户的信息需求可以通过其相关的信息行为体现出来。对高校师生而言，当他们在教学、科研或学习方面有信息需求时，大都会通过图书馆或互联网等途径进行自我服务。在自我服务过程中，后台服务器能如实记录用户的信息行为数据，通过对这些数据的深入挖掘，用户实时的信息需求显露无遗。

## 三、个性化信息服务系统构建

### （一）系统构建目标

大数据环境下构建高校图书馆个性化信息服务系统，其最终目的是通过对互联网上用户使用日志、会话信息、评论信息、搜索查询记录、图书馆使用ID登录等进行深入挖掘，实时感知用户变化着的信息需求，进而针对用户的真实信息情境开展有针对性的个性化信息服务。基于系统的构建目的，系统的构建目标为：在图书馆已有的信息服务平台及服务模式的基础上，整合来自不同数据仓库中的相关记录，通过Web数据挖掘，感知用户实时的信息需求，并基于此开展有针对性的个性化信息服务。

## （二）高校图书馆个性化信息服务系统模型

通过对用户行为数据的实时跟踪，获取用户的信息需求，涉及数据集合、数据规范化、信息分析、信息推送等功能。大数据环境下高校图书馆个性化信息服务系统应包括数据集成模块、数据规范化处理模块、信息分析模块（含结构化数据分析模块、互联网日志分析模块、移动终端位置判定模块）、信息匹配模块、信息推送模块、用户使用评价模块。

## （三）高校图书馆个性化信息服务系统模块功能数据集成模块

高校师生的信息行为数据分散地存储在图书馆不同的自动化系统中，数据集成模块用于将图书馆信息系统相关记录、学科化信息服务平台信息、电子资源使用记录、网络日志等多个数据源中的相关数据进行链接，将不同来源、不同格式、不同记录结构、不同含义特点的数据记录在模块上进行有机集合，为数据规范化处理做好准备工作。

1. 数据规范化处理模块

数据规范化处理模块用于对集成后数据进行规范化处理，以使数据符合数据挖掘相关算法的需要。

第一，合成记录。图书馆所使用的自动化系统由不同的软件开发商提供，因彼此之间缺乏沟通协调，各服务供应商的系统数据库中的数据字段其格式及含义各不相同，要对用户的信息行为进行挖掘，必须选取唯一标识用户的数据字段对来自不同系统的用户行为数据进行有机集合。对高校师生而言，他们使用图书馆的资源，须通过先前办理的图书借阅证，因读者编号具有唯一性，可以将读者编号作为连接用户存储在不同数据库中相关记录的连接标识符。

第二，数据规约。不同数据库或网络日志中的信息记录具有不同的标识及记录方法，比如，读者信息库中的性别记录可能为“男”或“女”；而校园网信息中心用户网络日志中的信息记录可能为“ Male”或“Female”，而实际他们具有相同的含义，数据规约功能用来对具有不同属性名但含义相同的数据进行规范化处理，以达到降低数据歧义，提高数据分析准确性的目的。

第三，数据清理。经合成记录模块、数据规约模块处理后，同一用户在不同数据库中的记录被集中到了同一字段，这些字段值中有的是重复记录的，需要保留一个属性值，剔除重复属性值；有的部分数据不全，对于遗漏的数据信息，需要进行补充；有的数据有误，需要进行更正；有的部分数值为实数值需要进行离散化处理。数据清理模块主要用于清除噪声数据、污染数据、错误数据及不一致数据。

第四，数据变换。不同的数据分析及数据挖掘算法对数据具有不同的要求，数据变换模块主要通过平滑聚集、数据概化等方式将数据转换成适合数据挖掘算法要求的数据形式。

2. 信息分析模块

高校师生有信息需求时，多通过三种途径加以解决。一是通过图书馆提供的相应服务，二是通过互联网搜索引擎进行信息搜索，三是通过移动互联网求助社交网。对于用户的这几种信息资源利用方式，分别对应产生了结构化信息、半结构化信息和非结构化信息。用户使用图书馆信息服务时，图书馆大都通过一定的技术手段对用户的咨询内容、服务反馈等进行了如实记载，这些记录大都以规范的表格存储在相应的数据仓库中，属于结构化数据分析模块处理范畴；用户利用互联网进行信息搜索时，会在服务器日志文件中留下使用痕迹，对用户的网络信息行为进行相关分析属于互联网日志分析模块功能范畴；用户使用移动互联网，利用虚拟人际关系进行信息求助时，其核心节点是人，而非网页，因此我们需要采取特殊的信息分析策略对移动互联网日志进行有效分析。

第一，结构化信息分析模块。结构化信息具有固定与规范的数据格式，该模块主要对数据聚合、数据规范化处理后的数据进行数据挖掘操作，对数据挖掘后的相关数据进行聚类与分类处理，根据用户的信息行为，将用户细分为不同的数据粒度，以识别不同用户之间相似的信息行为及相同用户在不同时间段差异性的信息需求行为。

第二，互联网日志分析模块。互联网日志如实地记录了用户对 Web 服务器的访问情况，通过对这些数据进行分析，可以快速、准确获知用户当前的信息需求。互联网日志分析模块分三个工作步骤。数据处理模块主要用于对相关数据进行净化处理，识别用户身份，删除不必要信息以达到缩减数据规模、降低系统响应延时的目的。在进行互联网信息访问时，用户有可能不通过网页上的链接功能进行页面访问，而是通过浏览器的后退功能直接调用缓存在计算机中的历史记录来进行访问。路径补充模块用于识别用户当前页面信息的原始来源，补充缺失的用户访问路径。网页的访问频率及停留时间对于判定用户的信息需求具有重要意义。如果用户频繁地访问某一页面或在某一页面上停留了较长时间，则可以认为该页面是用户信息需求的一个集中反映访问统计模块，用于对用户在不同时间段访问的相关页面进行频次统计，填写用户访问日志表中的“访问频次字段”，为用户信息需求判断提供决策参考。

第三，移动信息分析模块随着智能手机终端、平板电脑等各种移动设备的普及，高校师生通过移动终端获取信息资源已成常态，为改进服务方式，高校图书馆适时推出了微博、微信、掌上图书馆等服务模式，对这些服务模式中所积累的用户信息进行挖掘，对于个性化信息服务的开展具有重要意义。移动信息分析模块用于对用户的移动互联网浏览信息进行挖掘，以获取用户的地理位置、兴趣点等信息行为特征，根据用户的兴趣点实现信息资源与用户移动终端的精确匹配。

信息匹配模块。获知用户的实时信息需求后，高校图书馆工作人员在信息匹配模块针对用户不同的信息需求，利用馆藏资源及互联网信息资源制定不同的信息服务策略，满足用户的个性化信息需求。

信息推送模块。信息推送模块用于对不同的用户进行有针对性的信息推送。系统提供三种信息推送模式：一是用户借阅相关书籍或使用电子资源时自动给用户推荐数据挖掘中发现的其他用户的信息选择结果，有针对性地推荐用户尚未发现的信息资源。二是用户使用图书馆微博、微信、学科服务时，第一时间根据数据分析的结果，向用户进行相关信息推荐提示。三是根据用户的移动终端位置及终端类型，及时向用户推送其订阅的相关信息。

用户使用评价模块。通过大量的数据挖掘与分析，个性化信息服务系统发现了用户的行为意图，并向用户推送了相关信息。为提高个性化信息服务的针对性，提高系统服务的精准度，用户在接收相关信息时，可以通过用户使用评价模块直接对接收的信息进行评价，系统自动将用户的评价信息存入后台的个性化信息服务库。个性化信息服务库中的信息积累可以为日后高校图书馆工作人员修正数据挖掘算法提供参考，以改进个性化信息服务系统的服务效果。

## 四、个性化信息服务系统应用

### （一）用户隐私权可能受损

个性化信息服务系统通过对用户信息行为数据的集成、分析、聚类、分类等相应处理，发现数据之间隐藏着的用户信息特质，为更好地获取用户信息需求，用户信息行为痕迹被系统实时地监控，无形中增加了用户隐私权受到威胁和侵犯的概率。为保障用户的隐私权，在进行用户信息行为数据分析前必须征得用户本人的同意，同时在数据分析前必须对涉及用户隐私的相关数据进行相应的数据清洗操作，删除与个性化信息服务无关的数据，最大限度上避免用户的隐私权受损。

### （二）数据来源的限制

只有当用户的信息行为数据达到一定的存储规模并具有一定的数据耦合度时，才能通过个性化信息分析系统来进行数据的深度挖掘与分析，得到具有较高价值的用户信息需求特征。个性化信息服务系统的数据来源大部分局限于校园内，对于用户在校园外的信息行为数据，必须通过与电信服务运营商和移动服务提供商进行沟通协调方能获得。数据来源的局限性，在一定程度上降低了用户信息行为特征识别的精准度。

# 第四节　大数据时代高校图书馆阅读推广

图书馆学界著名学者范并思认为，高校图书馆应该将阅读推广作为图书馆发展的核心领域。通过推动大学生阅读，培养大学生良好的阅读习惯，帮助大学生树立正确的世界观、人生观、价值观，帮助大学生建立健全人格和品质。在高校图书馆阅读推广中，如果能充分发挥利益相关者的作用，将会使整个阅读推广体系更健全、更丰富、更有效。

1963 年，斯坦福大学研究所对“利益相关者”做出了定义，认为：“利益相关者是指若失去其支持则使得组织无法生存的团体。”目前，影响较大的是 1984 年美国学者弗里曼在其著作《战略管理：利益相关者管理的分析方法》中提出的利益相关者相关理论，他认为“所谓利益相关者，是指能够对组织目标的实现产生影响，或者受到组织目标影响的个人或者群体。”[①] 利益相关者理论明确说明了集体或者集团应该追求的利益最大化不应该仅仅是其本身的利益，应该是集团相关者与集团共同的利益，也说明了集团的发展离不开相关的参与者。

## 一、高校图书馆用户

高校可以被视作一个利益相关者组织，作为高校的一个子组织，高校图书馆也是一个利益相关者组织高校图书馆的利益相关者，是指那些对高校图书馆的运作和发展产生影响的组织或个人。高校图书馆利益相关者由读者、图书馆员工、管理部门、学校其他部门、资源商、其他图书馆、社会捐助方、媒体、其他相关机构等组成。这些利益相关者可以分为直接相关层、兄弟伙伴层、资助层和其他层。

直接相关层，包括直接与图书馆日常事务相关的读者、员工、资源商和管理部门。读者对图书馆的使用状况直接决定了图书馆的资源建设方向和发展目标，所以，读者是图书馆核心的利益相关者。虽然目前读者能够直接参与图书馆管理的途径较少，但是读者参与图书馆管理非常有必要。图书馆员工包括图书馆各个部门的工作人员，图书馆员工是图书馆建设和服务的主体，在大数据环境下，图书馆员工更应该具有连接信息资源和读者的能力。资源商是指为图书馆提供纸质资源、电子资源等资源的出版社、杂志社、电子数据商等，这些资源商提供资源的种类和数量直接决定着读者能从图书馆获得知识和信息的广度和宽度。管理部门是高校中管理图书馆工作的部门，包括财务、基建等部门，这些部门直接决定着图书馆馆舍的位置、大小，图书馆每年能够购买资源的资金等，从而决定了图书馆能够为读者服务的便捷性、舒适性以及图书馆资源的全面性和实效性。

兄弟伙伴层包括学校其他部门和其他图书馆等，学校其他部门是指与图书馆工作不直接相关的部门，这些部门虽然不直接决定图书馆的各项资源，但是可以与图书馆开展合作，如共同举办学生活动等，提高图书馆的利用率。其他图书馆则指其他院校图书馆和公共图书馆等，通过与兄弟图书馆的合作，共享

① 爱德华·弗里曼．战略管理：利益相关者方法 [M]. 王彦华、梁豪，译．上海：上海译文出版社 ,2006..05

资源和服务，能够为图书馆的发展提供支持和帮助。

资助层是指为图书馆提供资助和捐助的集体或个人，资助方为图书馆提供资金或者实物捐助，有效地补充高校图书馆在财政方面的不足。

其他层则是指与图书馆工作相关的其他集体或个人，包括媒体等相关机构。

## 二、国内外高校图书馆阅读推广活动

### （一）国内高校图书馆阅读推广活动

国内高校图书馆开展了各种各样的阅读推广活动和读书项目，这些活动主要集中在图书馆主导的一些传统的服务项目上，包括讲座、刊物出版、阅读活动等。

1. 新书 / 好书推广赏析讲座

许多高校图书馆都开展了新书 / 好书推广、推荐和赏析的讲座，为读者提供新书资讯。有些高校图书馆会不定期开展相关讲座，邀请图书作者或专家为读者介绍和鉴赏好书。有些高校图书馆还会通过这种方式推荐一些好的影视作品。

2. 导读刊物

不少高校图书馆编制了导读刊物，通过刊物，图书馆工作人员与读者、读者与读者进行交流。刊物内容不局限于好书推荐、发表读后感，也可以分享经典小故事和原创文章等。

3. 特色阅读活动

高校图书馆根据自己学校和地域特色，开展特色阅读活动，如根据内容定的“红色阅读”，集中推广爱国爱党书籍；根据对象定的“亲子阅读”，主要鼓励教职工与孩子共同阅读；根据时间定的“睡前半小时阅读”，主要倡导读者每天开展一定的阅读活动。

4. 阅读日 / 阅读月活动

高校图书馆在特定的时间开展阅读日或者阅读月的活动，如结合 4 月 23 日世界读书日等时间契机，开展读书文化系列活动，引导图书馆读者以书为友，养成良好的自主读书习惯。

5. 结合网络技术的阅读推广活动

许多高校图书馆通过开设图书馆公众号、微博等，在网上为图书馆用户推广图书阅读。此外，有些高校图书馆开发了移动图书馆，为读者在手机等便携终端提供电子阅读服务。

### （二）国外高校图书馆阅读推广活动

国外高校图书馆在阅读推广活动方面，除了开展与国内类似的常规活动外，还有一些特色创新活动，主要有：

1. 鼓励电子阅读

国外有些高校图书馆专门建立了电子阅读室，让读者在图书馆享受到丰富多彩的电子化阅读。例如，美国北卡罗来纳州立大学有专门的学习共享空间，在这个空间里有多种先进的多媒体设备，包括触屏阅读机、影视墙、电子报纸等，很好地弥补了传统纸本图书阅读的不足，满足了网络时代读者的阅读需求。

2. 读书认证机制

国外有些高校图书馆有专门的读书认证机制，学生需要完成基本阅读数量或者参加足够的读书活动并通过评价考试才能毕业。为了保证毕业阅读认证的顺利实施，还配备了专门的阅读推广机构，对毕业阅读认证进行运作。例如，韩国江原大学的学生如果选择读书认证，则需要完成规定的基本阅读数量或阅读活动，同时江原大学有专门的毕业资格读书认证运营委员会，负责出台相关政策、推荐图书、举办活动、开展考试和宣传等。

## 三、高校图书馆阅读推广策略

目前，伴随着网络上、现实中数量巨大、类型众多、结构复杂的各种大数据，构成了大数据环境。大数据环境下的高校图书馆阅读推广活动不应该仅仅由图书馆主导，除了图书馆本身，其他的利益相关者包括资源商、兄弟部门等也都是阅读推广的受益者。因此，高校图书馆在开展阅读推广时，应该与利益相关者进行合作，或者直接由高校图书馆的利益相关者牵头开展一系列阅读推广活动。

### （一）直接相关层阅读推广活动

1. 读者开展的阅读推广活动

读者是高校图书馆开展阅读推广的实施对象，读者需要在所有阅读推广活动中承担受众的角色，除此之外，读者也可以发挥自身能动性，主动参与阅读推广相关活动。读者可以在各类阅读推广活动中承担志愿者的角色，利用目前的大数据环境，在各个平台上积极参与阅读推广的活动；也可以进行口碑宣传，在读者之间宣传阅读推广。图书馆还应该鼓励用户自创阅读推广活动，发挥用户的聪明才智为用户提供展示自己的平台。

2. 图书馆员工开展的阅读推广活动

图书馆员工是高校阅读推广的主体，在保持现有的、常规的阅读推广活动外，高校图书馆员工应该加强交流和学习，开展更为丰富多彩的阅读推广活动。主要措施可以分为硬件和软件两方面：硬件方面，高校图书馆员工应该为图书馆用户提供良好的阅读环境，包括富有文化气息的桌椅书架、先进便捷的阅读设备、温馨的装修装饰等；软件方面，高校图书馆员工应广泛开展各种阅读推广活动，例如，针对特定的节假日开展主题阅读活动，在端午节举行屈原作品品鉴会、国庆节举行爱国作品茶话会等。

3. 资源商开展的阅读推广活动

高校图书馆的资源商可以对图书馆阅读推广活动给予一定的资金支持，为活动提供奖品等。资源商也可以作为活动的主办者，开展一些阅读推广活动。例如，超星等电子资源提供商可以开展读书大赛，鼓励高校大学生阅读电子书，并根据大学生阅读的数量进行评比和奖励；CNKI 可以根据其收集的用户使用大数据进行用户行为分析，从而为用户推送针对性的资料；新华书店等纸质书商可以在校园里开展签售会、读后感征文比赛等，鼓励大学生阅读。

### （二）兄弟伙伴层阅读推广活动

1. 高校其他部门开展的阅读推广活动

高校里的其他部门包括各院系、各职能部门等，这些部门除了可以帮助图书馆协办阅读推广活动外，也可以主办一些阅读推广活动。例如，团委可以结合文化活动打造阅读推广品牌活动，让全校师生感受到丰富的书香文化；院系可以举办某一学科的图书阅读月，在这一个月大力推荐该学科名著，帮助学生提高专业素养。

2. 其他图书馆开展的阅读推广活动

其他图书馆包括其他院校图书馆、公共图书馆、各种机构图书馆等，其他图书馆在高校开展阅读推广活动，可以提高该图书馆的图书利用率和该机构的知名度。例如，公共图书馆可以针对高校师生无押金办理借书卡，鼓励高校师生到公共图书馆进行阅读和使用，这样可以帮助高校图书馆补充资源的不足，也使得公共图书馆发挥更大作用。

### （三）资助层阅读推广活动

资助层除了在图书馆开展阅读推广活动方面进行资助外，还可以开展以资助方命名的阅读推广活动。例如，一些知名人士为高校师生免费发放资助者的传记，鼓励高校图书馆用户学习名人精神和力量，同时可以提高资助方的知名度。

### （四）其他层阅读推广活动

其他层包括媒体、社区等各种与高校图书馆有关的群体，这些群体是高校图书馆的利益相关者，也是高校图书馆阅读推广的参与者和受益者。媒体可以利用高校图书馆阅读推广活动开展宣传，也可以在高校图书馆用户中推广自己的媒体产品。社区可以与高校图书馆结合，倡导社区居民与高校师生一起共享阅读，也可以邀请高校图书馆员工、用户参与到社区图书馆建设和文化氛围塑造中，打造学习型、阅读型社区。

阅读推广是高校图书馆永恒的工作主题，阅读推广不仅仅能够为读者提供知识，也使得高校图书馆的利益相关者们从中受益。在阅读缺失的年代，高校图书馆的利益相关者们，应该站在共赢的视角上，转变传统的观念，积极共同努力，引导高校图书馆用户开展阅读、关注阅读，打造书香校园、书香社会。

# 参考文献

[1] 刘芳. 大数据时代高校图书馆信息服务创新研究 [M]. 北京：光明日报出版社，2016.

[2] 钟建法. 高校图书馆信息资源采访 [M]. 广州：世界图书广州出版公司，2014.

[3] 张晖. 高校图书馆信息服务创新研究 [M]. 北京：清华大学出版社，2015.

[4] 陈秀英. 网络环境下高校图书馆信息安全 [M]. 北京：研究出版社，2014.

[5] 程焕文. 图书馆的价值与使命 [M]. 上海：上海科学技术文献出版社，2014.

[6] 于亚秀，汪志莉，张毅. 高校图书馆创新服务 [M]. 上海：上海社会科学院出版社，2016.